C.H.BECK WISSEN

in der Beck'schen Reihe

Im Jahr 47 v. Chr. ist ein Teil der weltberühmten Bibliothek von Alexandria im Zuge des römischen Bürgerkriegs ein Raub der Flammen geworden. Wenige Jahre später kommt Marcus Antonius, der neue Machthaber im Osten, auf den Gedanken, seiner Königin Kleopatra und der Stadt Alexandria als Ersatz die Bibliothek von Pergamon zu schenken, die zu diesem Zeitpunkt die ungeheure Zahl von 200 000 Schriftrollen beherbergt haben soll. Diese Begebenheit illustriert sinnfällig, welchen Rang Pergamon im Konzert der großen Kulturmetropolen der Antike eingenommen hat. Noch heute stehen wir staunend vor den Kunstwerken und respektgebietenden Ruinen der untergegangenen Stadt – Tempel, Heiligtümer, Paläste, Gymnasien – und nicht zuletzt vor dem monumentalen Pergamonaltar mit seinem dramatisch gestalteten Figurenfries, der bis auf den heutigen Tag Millionen von Besuchern aus aller Welt anlockt und fasziniert.

Martin Zimmermann erzählt in diesem Band spannend, informativ und anschaulich die Geschichte vom Aufstieg und Fall Pergamons vom 4. Jh. v. Chr. bis in byzantinische Zeit – von seinen Mythen und seinen Herrschern, von seiner Kunst und seiner Kultur, von seinen Feinden und seinen Förderern. Und er erzählt die Geschichte von der Wiederentdeckung des versunkenen Pergamons im 19. Jh. und von der Freilegung und Bergung seiner kulturhistorisch einzigartigen Schätze.

Martin Zimmermann lehrt als Professor für Alte Geschichte an der Ludwig-Maximilians-Universität München. Er selbst erforscht seit Jahren das Umland von Pergamon und gilt als Fachmann für die griechische und römische Geschichte des westlichen Kleinasien. Im Verlag C.H.Beck ist von demselben Autor lieferbar: Der Traum von Troia. Geschichte und Mythos einer ewigen Stadt (Hrsg., 2006)

Martin Zimmermann

PERGAMON

Geschichte, Kultur, Archäologie

Verlag C.H.Beck

Für Max, Jannis, Jakob und Helene

Mit 12 Abbildungen und 2 Karten

Originalausgabe

Satz, Druck u. Bindung: Druckerei C.H.Beck, Nördlingen
Umschlagentwurf: Uwe Göbel, München
Umschlagabbildung: Zwei Moiren, Berlin,
Pergamon-Museum. © akg-images, Berlin
Printed in Germany
ISBN 978 3 406 62139 0

www.beck.de

Inhalt

I. Geschichte

Auftakt: Die Entdeckung des Pergamonaltars und «einer ganzen Kunstepoche»

Das antike Pergamon an der kleinasiatischen Westküste ist nach seinem Untergang nie ganz in Vergessenheit geraten. Der Name des modernen Städtchens Bergama, das an der Stelle der antiken Stadt entstanden war, und die antiken Texte hielten die Erinnerung wach. Schon Pilgerreisende oder Kaufleute des Mittelalters, wie der italienische Humanist Cyriacus von Ancona (1391–1455), berichteten, daß sie die Ruinen der untergegangenen Stadt gesehen hätten. Aber erst im 19. Jh. begann die wissenschaftliche Erkundung durch gelehrte Reisende. Abenteurertum und der Ehrgeiz, für ihre Heimatländer Kunstschätze zu finden und die Museen zu füllen, waren oft die Motive dieser Expeditionen. Entsprechend knapp blieben meist die Berichte, aber es gab auch Liebhaber der Antike, denen an der Dokumentation der Monumente lag. Für Pergamon sind neben den 1809 publizierten Arbeiten von Marie-Gabriel Choiseul-Gouffier jene von Charles Texier zu nennen, der von 1833 an weite Teile der kleinasiatischen Küste bereiste und seine Erkundungen in seiner *Description d'Asie Mineure* 1838 bis 1849 veröffentlichte.

Die eigentliche Entdeckung Pergamons erfolgte wie ein Paukenschlag. So wie die Ausgrabung Troias ohne die Beharrlichkeit Heinrich Schliemanns schwerlich vorstellbar ist, so steht auch am Beginn der Entdeckung Pergamons das Engagement und die Ausdauer eines Laien, aber echten Liebhabers der Antike, nämlich Carl Humanns (1839–1896). Kurz nach der Mitte des 19. Jh.s war der Deutsche als Vermessungsingenieur und Bauleiter vom türkisch-osmanischen Staat mit dem Bau einer Küstenstraße beauftragt worden. Die Trasse sollte von Norden kommend an der kleinasiatischen Westküste entlang nach

Smyrna, dem heutigen Izmir, führen, und das florierende Landstädtchen Bergama passieren.

Im Jahr 1869 verlegte Humann seinen Bauhof in diese Stadt und mietete sich dort eine Wohnung. Der Burgberg mit seinen antiken Ruinen, der als mächtiger Hügel über dem malerischen Bergama thront, hatte schon bei ersten Planungen des Straßenbaus 1865/67 seine Aufmerksamkeit auf sich gezogen. Der Bauleiter war nämlich nicht nur ein Organisationstalent und Kenner von Land und Leuten, sondern auch an den antiken Überresten interessiert, die es überall entlang der Baustrecke zu besichtigen gab. Insbesondere die großformatigen Reliefplatten, die aus dem Schutt der Ruinen herausragten, hatten sein Interesse geweckt. In seinem Bauhof richtete er ein kleines «Museum» ein, auch um die antiken Kunstwerke vor der Zerstörung zu bewahren. Die türkische Bevölkerung verbrannte nämlich den antiken Marmor zu Kalk, der als Baumaterial benötigt wurde. Wenn die antiken Überreste eine Zukunft haben sollten, mußte rasch etwas geschehen.

Als Humann 1871 in Konstantinopel zufällig den Professor für Klassische Archäologie aus Berlin Ernst Curtius traf, der gleichzeitig Leiter des Königlich-Preußischen Museums war, erzählte er von seinen Funden und lud ihn nach Bergama ein. Im darauffolgenden Sommer besuchte eine kleine gelehrte Reisegruppe unter der Leitung von Curtius die Ruinen und zeigte sich beeindruckt. Dadurch ermuntert, fasste Humann den Plan, eine Grabung zu beginnen. Er mußte sich freilich gedulden. Curtius selbst war im antiken Olympia gebunden, das ihn wegen seiner klassischen Kunstwerke offenbar stärker interessierte. Zu diesem Zeitpunkt ahnte noch niemand, daß die Grabung Humanns zehn Jahre später als archäologische Sensation gefeiert und sein Entdecker mit Ehrungen überhäuft werden sollte. Die hohe Qualität der von ihm nach Berlin entsandten Reliefs erkannte aber Alexander Conze, der 1877 die Abteilung der Antiken Skulpturen der Berliner Museen übernommen hatte. Sie schienen die antike Überlieferung, die von Pergamon als Stadt der Kunst berichtet, zu bestätigen. Conze initiierte eine Museumsgrabung, die naheliegenderweise unter der Leitung

Abb. 1: Carl Humann. Stich in der «Berliner Illustrirten Zeitung» vom 4. November 1882

Carl Humanns stehen sollte – nicht nur die erste, sondern, wie sich rasch zeigte, eine ausgezeichnete Wahl.

Von 1878 bis 1886 dauerte diese erste Grabung, welche unter anderem den Pergamonaltar mit seinen mehr als 100 m langen Reliefs zutage förderte. Angesichts der hohen Zahl und ausgezeichneten Qualität der ausgegrabenen Reliefplatten und Fragmente war die Sensation perfekt. Dies um so mehr, da das Bauwerk selbst in der antiken Überlieferung nur einmal erwähnt wird. In der Enzyklopädie, die Lucius Ampelius im 2. Jh. n. Chr. unter dem Titel *Liber memorialis* zusammenstellte, findet sich der knappe Hinweis, in Pergamon stehe «ein großer marmorner Altar, 40 Fuß hoch, mit sehr großen Skulpturen. Er enthält eine Gigantomachie.»

Obgleich Ampelius den Altar zu den Weltwundern zählte und damit andeutete, daß es sich um ein recht beachtliches Monument handelte, konnte man sich vor der Grabung keine Vorstellung von seinem Aussehen machen. Die von Conze begutachteten Reliefs ließen immerhin Aufsehenerregendes erwarten.

Schon bei Beginn der erfolgreichen Ausgrabung 1878 konnte Humann denn auch in einem Brief an Conze schreiben, man habe nicht «ein Dutzend Reliefplatten, sondern eine ganze Kunstepoche, die begraben und vergessen war, aufgefunden». Dank der mit der Hohen Pforte in Konstantinopel vereinbarten Fundteilung hatten die Ausgräber die Erlaubnis, die Kunstwerke nach Berlin zu bringen. Auch der osmanisch-türkische Anteil wurde den Deutschen gegen eine stattliche Geldzahlung überlassen.

Humann und mit ihm Conze wurden in der Presse und in Gelehrtenkreisen gefeiert. Berlin hatte seine archäologische Sensation: ein antikes Weltwunder. Endlich konnte man den großen Museen in Rom, Paris oder London auf Augenhöhe begegnen. Reichskanzler Bismarck und Kronprinz Friedrich Wilhelm, der spätere Kaiser Friedrich III., begeisterten sich für die Ausgrabung. Rasch entstanden Pläne für eine museale Präsentation. Bereits 1901 wurde das von Fritz Wolf erbaute Alte Pergamonmuseum mit einer feierlichen Enthüllung einer Statue Carl Humanns eröffnet. 1906 begann Wilhelm von Bode, der neue Direktor der Königlichen Museen, mit Planungen für einen Neubau, da sich am älteren Gebäude bereits Schäden zeigten und der Platz für die Funde anderer Grabungen nicht mehr ausreichte. Nach langer Bauzeit, die durch politische Unruhen, aber auch durch heftig geführte öffentliche Debatten über das Ausstellungskonzept überschattet war, konnte das neue Museum schließlich 1930 eröffnet werden. Noch heute strömen trotz der wechselvollen Geschichte der Sammlung große Besucherscharen in das Pergamonmuseum, um die Funde zu besichtigen. Der Pergamonaltar nimmt unter den in Berlin gezeigten archäologischen Pretiosen immer noch eine Sonderstellung ein.

Mit der antiken Stadt Pergamon verbindet man seit den Entdeckungen von Humann und Conze in erster Linie diesen bedeutenden Altar. Pergamon bietet freilich mehr. Die Stadt war, wie die nun mehr als 130 Jahre dauernden Ausgrabungen gelehrt haben, neben Alexandria, Antiochia, Ephesos, Athen und Rom eine der großen Metropolen der antiken Mittelmeerwelt mit einem spektakulären Stadtbild. Öffentliche Bauten, eine ausgedehnte Wohnstadt und beeindruckende Festungsmauern dokumentieren eine wechselvolle Geschichte zwischen Blüte, Stagnation, erneuter Blüte und allmählichem Niedergang. Als Zentrum für Kunst und Kultur strahlte Pergamon weit über die Region hinaus. Die Stadt war zudem Residenz eines hellenistischen Königreiches, das die Geschichte Kleinasiens für zwei Jahrhunderte prägte. Die dort herrschende Dynastie wirkte weit über ihre Stadt hinaus und schuf die Grundlagen dafür, daß Pergamon auch unter römischer Herrschaft nur wenig von seiner Strahlkraft einbüßte, obwohl die Konkurrenz mit Smyrna und Ephesos hart war und diese Städte im Wettstreit um die Gunst von Besuchern und Kaisern bisweilen erfolgreicher waren. Um die überaus farbige und lehrreiche Geschichte der Stadt soll es in diesem Buch gehen.

Die Landschaft Pergamons

Ohne einen Blick auf die Landschaft, in der eine Stadt gebaut wurde, bleibt ihre Geschichte unverständlich. Eine sichere Lage und die gute Versorgung mit Wasser, Nahrung, Bau- sowie Brennmaterial bildeten die Basis für Entstehung, Erhalt oder in manchen Fällen auch Prosperität antiker Städte. Der Siedlungsplatz Pergamons nahe der kleinasiatischen Westküste, ca. 110 km nördlich des heutigen Izmir, war in dieser Hinsicht ausgezeichnet gewählt: Der ca. 330 m hohe und im Norden, Westen und Osten steil abfallende Burgberg von Pergamon war leicht zu befestigen, und der sanfter abfallende Südhang bot ausreichend Platz für eine ausgedehnte Wohnsiedlung. Die Stadt lag zudem ca. 27 km vom Meer entfernt, was zusätzliche Sicherheit schuf – Feinde, die von dort kamen, konnte man frühzeitig erkennen. Der Berg dominierte das weite und fruchtbare Tal des antiken Kaikos, des heutigen Bakır Çay. Dieser Fluß folgte einem von West nach Ost laufenden, markant eingeschnittenen Tal – ein für das westliche Kleinasien typisches Landschaftsbild. Es findet sich ähnlich weiter im Süden an den antiken Flüssen Mäander, Kaystros und Hermos, an deren fruchtbaren Tälern in der Antike mit Smyrna, Ephesos, Milet, Priene oder Magnesia blühende Städte gewachsen waren.

Das mehrere Kilometer breite Kaikostal weitet sich westlich von Pergamon und wird im Westen begrenzt durch Höhenzüge des Kara Dağ, der sich über die dort vorgelagerte Halbinsel erstreckt. Südlich dieser Halbinsel fließt heute wie in der Antike der Kaikos ins Meer und hat in seinem Mündungsgebiet ein ausgedehntes Schwemmland mit Salzwiesen entstehen lassen. Der Fluß führt dank kräftiger Quellen und mehrerer Nebenarme ganzjährig Wasser, so daß schon im Altertum stets eine ausgezeichnete Wasserversorgung gegeben war, auch wenn man zusätzliche Zisternen im innerstädtischen Bereich anlegte, um im Belagerungsfall die schützenden Mauern nicht verlassen zu müssen. Die Bachläufe des antiken Ketios (Kestel Çay) und Selinus (Bergama Çay) führen von Norden kommend sogar direkt am Burgberg vorbei. Das Quellgebiet der beiden Flüsse eignete sich für den bereits im 3./2. Jh. v. Chr. begonnenen Bau von Aquädukten, welche die rasch wachsende Bevölkerung mit Wasser versorgten. Zudem bildeten die Flußläufe die Grundlage für die Bewässerung der Ackerfluren in der Ebene, von deren Aussehen man sich heute freilich ein nur sehr ungenaues Bild machen kann. Die durch den Fluß herangeführten Sedimente sowie Erde und Gestein, die in Folge starker Erosion in den letzten 2000 Jahren von den angrenzenden Hügelketten ins Tal gelangt sind, wuchsen zu einer mehrere Meter starken Schwemmschicht an, von der die antiken Dörfer und Gehöfte bedeckt sind. Archäologische und geographische Forschungen der letzten Jahre zeigten aber, daß diese Aufschwemmung regional sehr unterschiedlich ausfiel und der Ebene durchaus noch Geheimnisse über die antike Besiedlung zu entlocken sind. Wir werden darauf noch zurückkommen.

Das Tal bot jedenfalls ausgezeichnete Bedingungen für den Landbau. Der Geograph Strabon (63 v. Chr. – nach 23 n. Chr.) spricht gar davon, das fruchtbare Tal sei das beste Landstück Mysiens, der Landschaft zwischen Marmarameer und Pergamon, gewesen. Das typisch mediterrane Klima mit trockenen Sommern und sehr regenreichen Wintern war Garant einer reichen Vegetation, die eine gute Versorgung der Stadt mit Agrarprodukten sicherte. Der immense Bedarf Pergamons an Brenn-

und Bauholz konnte hingegen in den nahen waldreichen Bergen gedeckt werden. Das Bild des nördlich der Stadt gelegenen, ausgedehnten Bergrückens des Kozak (des antiken Pindasos), der bis zu einer Höhe von mehr als 1200 m ansteigt, prägen noch heute ausgedehnte Kiefern- und Pinienwälder. Hier dürfte es in der Antike auch Bestände von Eichenwald gegeben haben. Ähnliches gilt für den südlich von Pergamon gelegenen, rund 750 m hohen Yünd Dağ (den antiken Aspordenon), auf dem wegen intensiver Beweidung heute anstelle der ehemaligen Wälder vor allem die für die kleinasiatischen Küstengebiete typische Macchie aus Kermeseichen und anderen Sträuchern zu sehen ist.

Zumindest der Höhenzug des Kozak lieferte auch Steinmaterial für die Bauten der Stadt. Dort finden sich Granitsteinbrüche, aus denen das antike Pergamon monolithe – aus einem Stück gefertigte – Säulen, Wasserbecken und ähnliches bezog. Bei Wanderungen in den Pinienwäldern kann man in dieser Gegend noch heute gebrochene und deshalb liegen gelassene Rohlinge aus den Steinbrüchen sehen. Die ansonsten in der pergamenischen Landschaft vorherrschenden Gesteinsarten sind vulkanischen Ursprungs, vor allem Andesit und die weicheren Tuffgesteine verschiedener Körnung. Sie machen den Hauptteil des Baumaterials aus, das – wie fast überall in antiken Städten üblich – in nicht allzu großer Entfernung vom Bauplatz gebrochen wurde. Die unterschiedlichen im Stadtgebiet verbauten Marmorsorten wurden hingegen importiert. Gleiches gilt für Metalle und Edelmetalle, die wohl nur in geringen Mengen lokal gewonnen werden konnten. Immerhin gibt es Hinweise auf Kupfer, Silber und sogar Goldvorkommen im Kozak; zumindest sprechen die Ruinen antiker Bergwerke in der Region für die einst lohnende Verhüttung. Auch nordwestlich von Pergamon am Rand des Tales wurde damals Gold gewonnen, vermutlich in jenem Bereich, in dem noch heute eine Goldmine betrieben wird.

In dieser mit allen wichtigen Ressourcen ausgestatteten Gegend, die in der Antike komplett als Kulturlandschaft erschlossen gewesen sein dürfte, war Pergamon nicht die einzige größere Stadt. Unter ihren Nachbarn ist zunächst die nahe der Kaikosmündung gelegene Hafenstadt Elaia zu nennen, die als wichtiger Hafen für den Im- und Export von Waren, aber auch als Flottenstützpunkt der Könige diente. Das wenige Kilometer weiter nordwestlich auf der Südseite der Halbinsel des Kara Dağ gelegene Pitane (heute Çandarlı) war ebenfalls ein wichtiger Hafenort und Handelspartner Pergamons. Inmitten der Halbinsel wird derzeit eine weitgehend unbekannte kleine Stadtanlage erforscht, die auf einem Hügel namens Hatiplar Kalesi liegt. Sie dominierte die Halbinsel und dürfte ein militärisch wichtiger Posten Pergamons in hellenistischer Zeit (338–31 v. Chr.) gewesen sein. Im Norden, nahe des heutigen türkischen Badeortes Dikili befand sich die mächtige Stadtanlage von Atarneus, von der aus im 4. Jh. v. Chr. ein Lokaldynast namens Hermias den gesamten Küstenstreifen bis Assos im Norden beherrschte. Die Stadt war zu dieser Zeit die bedeutendste der Region und zunächst wichtigster Konkurrent Pergamons. Auf dem markantesten Hügel in der Kaikosebene zwischen Atarneus und Pergamon wird die Burg von Teuthrania lokalisiert, die – sollte sich diese Zuschreibung bewahrheiten – sehr bescheidene Ausmaße hatte; sie wird uns im folgenden Kapitel über die Gründungslegenden noch beschäftigen. Im nördlichen Kozak lag die Stadt Perperene, die sich in der Kaiserzeit zu einem wichtigen Handelspartner für Granit, Holz, Wein und andere agrarische Produkte im Hinterland entwickelte. Am Rande des Kaikostales östlich und südlich von Pergamon lagen die Städte Gambreion, Apollonia und vielleicht Germe, deren Geschichte weitgehend im dunkeln liegt. Wichtigste Stadt im Bergland des Yünd Dağ war die Stadt Aigai, die wegen ihres hellenistischen Baubestandes und des aufwendigen, sorgfältig gearbeiteten Quadermauerwerks gern als ‹kleines Pergamon› bezeichnet wird. Bemerkenswert sind zudem kleine Kurorte der Region. Da an verschiedenen Stellen des Kaikostales und seiner Nebentäler heiße Schwefelquellen aus dem Untergrund austreten, entstanden Bäder mit angeschlossenen medizinischen Kurbetrieben, die vor allem in der Kaiserzeit frequentiert wurden. Bekannt ist nicht zuletzt das östlich von Pergamon gelegene Allianoi, wo neben beeindruckenden Thermen auch zahlreiche Räume freigelegt wurden, in denen sich medizinische Gerätschaften fanden. Es hat traurige Berühmtheit erlangt, da es derzeit zu Gunsten eines Stausees überflutet und unwiederbringlich zerstört wird.

Telephos gründet die Stadt: Mythenlandschaft und Frühgeschichte

Eine solche Landschaft wurde von den antiken Zeitgenossen auf ganz spezielle Weise betrachtet. Wenn man in der Geographie Strabons die Partien über das westliche Kleinasien liest, gewinnt man den Eindruck, im Geiste durch ein mythisches Land zu reisen. Beinahe alle antiken Städte führten sich auf homerische Helden oder gar Götter der griechischen Mythologie zurück. Mit Hilfe einer angeblich gemeinsamen Frühgeschichte, die von zum Teil komplizierten Genealogien von Göttern und Helden überwölbt wurde und bereits einen größeren zeitgenössischen Gelehrtenkreis beschäftigte, schufen sich die Alten eine lokale Identität. Mit ihrer Hilfe grenzte man sich von nichtgriechischen, barbarischen Völkern ab. Die Zugehörigkeit zum Kulturkreis der Griechen brachte Prestige und diente der Selbstbehauptung. Dabei konnte man durchaus mehrere Gründer für sich in Anspruch nehmen, die von unterschiedlichem Gewicht in der öffentlichen Selbstdarstellung waren.

Dieses Phänomen ist auch in Pergamon zu beobachten, wo wir zwei unterschiedlich bewerteten Gründungsmythen begegnen. Bedeutend ist zunächst die Gründung durch den mysischen König Telephos. Er war der Sage nach Sohn der arkadischen Königstochter Auge, die es nach dramatischen Verwicklungen in das Kaikostal verschlagen hatte. Sie war von ihrem Vater zur Athenapriesterin gemacht worden und als solche zur Jungfräulichkeit verpflichtet. Ein Orakel hatte ihm nämlich geweissagt, ihr Sohn werde ihre Brüder töten. Auge wurde trotz dieser väterlichen Fürsorge von Herakles vergewaltigt und nach Geburt des dabei gezeugten Kindes, das in der Wildnis ausgesetzt wurde, von ihrem Vater in einem Boot fortgeschickt. Dieses trieb an die kleinasiatische Küste, wo Auge vom König Theutras in seiner Burg Teuthrania aufgenommen wurde. Der von

Herakles gezeugte Sohn Telephos kam schließlich auf der Suche nach seiner Mutter mit einem griechischen Heerzug in die Landschaft Mysien bei Teuthrania und gründete in der Nähe die Stadt Pergamon.

Die zweite Gründungslegende ist mit dem eponymen, das heißt namengebenden Heros Pergamos verknüpft, der einen bedeutenden Stammbaum hatte. Er war einer der Söhne des griechischen Heros Pyrrhos, auch Neoptolemos genannt, und der Andromache, der Witwe des Troiakämpfers Hektor, die Pyrrhos als Beute erhalten hatte. Pergamos war demnach zugleich der Enkel des bei Troia gefallenen Achill – Phyrros' Vater –, eines der bedeutendsten Helden der griechischen Frühzeit. Sein Stammbaum reichte folglich wie jener des Telephos, der durch Herakles mit dem obersten Gott verwandt war, bis zum Göttervater Zeus. Damit wurden zwei Stammväter Pergamons postuliert, die als mythische Figuren eigentlich recht blaß erscheinen und nicht zur ersten Garde antiker Gründerheroen gehörten, aber zumindest beeindruckende Stammbäume aufwiesen. In Pergamon gab es zwar ein kleines Heiligtum für Andromache und Pergamos, aber der Telephosmythos, wie wir noch sehen werden, eindeutig im Vordergrund.

Derartige Mythen wurden und werden noch heute gern als Geschichten verstanden, die einen historischen Kern besitzen. Man kann immer wieder die Vermutung lesen, daß sie in zunächst mündlicher und schließlich schriftlich gefaßter Überlieferung eine tatsächliche Gründung der Stadt im Zuge der griechischen Wanderungen des 2. Jahrtausends v. Chr. tradieren, zu der nur die archäologische Evidenz gefunden werden müsse. Wie problematisch diese Annahme ist, zeigt ein Blick auf die Siedlung Teuthrania, von der aus Telephos die Gründung vorgenommen haben soll. Teuthrania ist dank einer Angabe bei dem Geographen Strabon ziemlich verläßlich auf einem markanten Hügel in der Kaikosebene lokalisiert worden. Intensive Forschungen auf diesem Berg haben in den letzten Jahren die ältere Beobachtung bestätigt, daß es dort vor dem 4./3. Jh. v. Chr. keine Siedlung gab. Dieser Sachverhalt legt es nahe, zum besseren Verständnis literarischer Überlieferung wie materieller Hinterlassenschaften einen methodisch völlig anderen Weg zu gehen. Archäologische Befunde und mythische Überlieferung sollten streng voneinander getrennt werden. Durch sorgfältige Analysen der Gründungssagen und ihrer sich wandelnden Gestaltung konnte auch im Falle Pergamons nachgewiesen werden, daß sie erst in hellenistischer Zeit von den Königen der Stadt selbst aufgebracht bzw. eingesetzt wurden, um ihr und ihrer jungen Dynastie zu einem respektablen Platz in der griechischen Welt zu verhelfen. Sie sagen mithin nichts über die Frühgeschichte, aber sehr viel über den Kontext ihrer fiktiven Ausgestaltung im 3./2. Jh. v. Chr. aus, indem sie Einblicke in die kulturellen und politischen Legitimationsstrategien der pergamenischen Dynastie gewähren.

Doch dazu später! Die verläßlichen Nachrichten über die vorhellenistische Geschichte Pergamons sind rasch erzählt. Nach jüngsten archäologischen Beobachtungen dürften die Besiedlung Pergamons und eine erste Befestigung des Burgberges in das 2. Jahrtausend v. Chr. zu datieren sein. Dies paßt gut zu Befunden nahe Pergamon wie zu neuen Beobachtungen im Hafenort Elaia, in Atarneus, in einer kleinen prähistorischen Siedlung nahe Teuthrania und einem weiteren neuen Fundplatz, die sämtlich eine Besiedlung der fruchtbaren Küstenregion mit unterschiedlichen Schwerpunkten vom 4. bis in das 2. Jahrtausend v. Chr. belegen. Dieser Vorgang dürfte sich in Pergamon von der Späten Bronzezeit über die Eisenzeit bis in die archaische Zeit (7./6. Jh. v. Chr.) fortgesetzt haben, wobei den zahlreichen Keramikscherben und Ziegeln, die man aus dieser Zeit auf der Oberburg gefunden hat, keine Bauwerke zuzuordnen sind. Die archaische Siedlung ist, abgesehen von kläglichen Resten einer Wehrmauer, komplett den späteren Überbauungen zum Opfer gefallen.

Die früheste zuverlässige schriftliche Überlieferung und mit ihr die greifbaren historischen Ereignisse datieren deutlich später. Der griechische Geschichtsschreiber Xenophon (um 425 – nach 355 v. Chr.) berichtet, er sei beim legendären Zug der Zehntausend, eines Söldnerheers in Diensten eines persischen Usurpators, im Jahr 399 v. Chr. auch nach Pergamon gekommen. Die dortige Herrscherin Hellas, Gattin des aus der griechischen Stadt Eretria stammenden Gongylos, und ihre Söhne Gorgion und Gongylos hätten ihn freundschaftlich aufgenommen. Die seit dem 7. Jh. v. Chr. befestigte Stadt wurde demnach um 400 v. Chr. von einer griechischen Dynastie beherrscht, die auch Münzen mit dem Bild Apollons prägte, ansonsten aber schemenhaft bleibt. Die Bevölkerung der Region wie der Stadt selbst bestand wohl nicht aus Griechen, auch wenn bereits der Name der Herrscherin die Hellenisierung von Land und Leuten erkennen läßt. Xenophon berichtet von dem persischen Gutsherrn Asidates, dessen stark befestigten Gutshof er in der Kaikosebene belagerte, und von Spartanern, die ihm aus Teuthrania zu Hilfe eilten. In den ebenfalls von ihm erwähnten anderen Orten und Dörfern dürfte – wie auch in der Stadt – durchaus die einheimische Bevölkerung gelebt haben. Immerhin ist zu erkennen, daß Pergamon in der Mitte des 4. Jh.s v. Chr. bereits das griechische Amt des Prytanen, eines obersten Amtsträgers griechischer Städte, kannte und die Bürgerschaft in sogenannte Phylen – gleichfalls eine typische griechische Einrichtung – gegliedert war. Auch soll in dieser Zeit ein Mann namens Archias den Kult des griechischen Heilgottes Asklepios aus Epidauros in die Stadt gebracht haben.

Daß es in Pergamon zu dieser Zeit eine Burg gab, dürfte Alexander den Großen um 331 v. Chr. veranlaßt haben, dorthin seine Geliebte Barsine und ihren gemeinsamen Sohn Herakles bringen zu lassen. Die Frau war eigentlich die Gattin des Memnon von Rhodos, eines in Diensten der Perser stehenden Generals. Sie fiel Alexander kurz nach der Schlacht von Issos in die Hände. Zwar lebte sie bis zu ihrer Ermordung im Jahr 309 v. Chr. in Pergamon, doch ist über diese Zeit nichts überliefert. Man hat allerdings den Bau des Athenatempels, der aufgrund architektonischer Details in das ausgehende 4. Jh. v. Chr. datiert wird, mit ihrem Aufenthalt in der Stadt in Verbindung gebracht. Dies bleibt aber angesichts unserer Unkenntnis der pergamenischen Verhältnisse zu dieser Zeit ebenso unsicher wie die Vermutung, ihr Sohn zeichne für die Prägung von pergamenischen Münzen, die den Kopf des Herakles zeigen, verantwortlich.

Ein völlig neues Kapitel der Stadtgeschichte wird nach Alexanders Tod und in der Zeit der Kämpfe unter seinen Nachfolgern, den sogenannten Diadochen, aufgeschlagen. Fortan wird die Überlieferungslage stabiler und die historischen Verhältnisse klarer.

Philetairos (281–263), Eumenes I. (263–241) und der Beginn der attalidischen Dynastie

Nach dem Tod Alexanders (323 v. Chr.) zerfiel sein Reich bald, und zwar zunächst in drei Teile, nämlich das Ptolemäerreich mit Ägypten als Kernland, das Seleukidenreich mit Syrien und den östlich angrenzenden Ländern sowie im Westen das Reich der Antigoniden mit Makedonien. Die Namen dieser Reiche leiten sich von mächtigen Generälen Alexanders ab. Die Nachfolger Alexanders stritten jedoch bis zur vorläufigen Konsolidierung um 280 v. Chr. rund vierzig Jahre unablässig um die Grenzen ihrer Herrschaftsbereiche und versuchten laufend, sie zu erweitern. Kleinasien lag inmitten dieser Konfliktzone und wurde folglich Schauplatz vieler Kriege.

In dieser Zeit wurden die Grundlagen für das pergamenische Königreich gelegt. Nachdem der mächtige Antigonos Monophthalmos seinen Plan, das Alexanderreich in seiner ursprünglichen Ausdehnung unter seine Kontrolle zu bringen, nicht umsetzen konnte, kam es im Jahr 301 v. Chr. bei Ipsos im zentralanatolischen Phrygien zur Entscheidungsschlacht. Seleukos I., der Begründer des nach ihm benannten Reichs, und Lysimachos – ein ehemaliger Leibwächter Alexanders aus dem makedonischen Hochadel und nach dessen Tod Herrscher über Thrakien und angrenzende Gebiete – schlugen das Heer des Antigonos, der selbst in der Schlacht fiel. Die Sieger teilten sein Reich unter sich auf, wobei Lysimachos den größten Teil Kleinasiens erhielt. Er brachte die an der Westküste gelegenen griechischen Städte unter seine Kontrolle, ließ sie hohe Abgaben zahlen und unterstellte sie sogenannten «Freunden» (*philoi*), die sie als Strategen – Inhaber hoher Heeresämter – verwalteten.

Im Fall von Pergamon wählte er einen anderen Weg. Dort

wurde 302 v. Chr. ein gewisser Philetairos als Burgherr eingesetzt und sollte in der Festung einen Schatz von 9000 Talenten (ca. 180 Tonnen Silber!) bewachen. Philetairos stammte aus Tieion – einer Stadt in Paphlagonien – mithin einer Landschaft an der Schwarzmeerküste, die aus Sicht der Griechen Barbarenland war. Er diente bei Lysimachos als hoher Militär, und es ist vermutet worden, daß er väterlicherseits makedonischer Abstammung war; dies ist aber ungewiß, da der Name seines Vaters Attalos in der einheimischen Form Attales auch in Kleinasien belegt ist und seine Mutter den eindeutig paphlagonischen Namen Boa trug. Der Geograph Strabon berichtet, daß Philetairos durch einen Unfall als Kind Eunuch geworden sei. Bei einem Leichenzug sei seine Amme in der Menschenmenge mit ihm derart ins Gedränge geraten, daß die Hoden des Jungen zerquetscht worden seien. Es existieren Münzporträts, auf denen Philetairos mit schwammig-dicklichem Gesicht zu sehen ist, die als Beleg für die Richtigkeit dieser Überlieferung gedeutet werden (Abb. 2). Strabons Geschichte hingegen wurde als propergamenische Erfindung interpretiert, die nur dazu gedient habe, die niedrige Stellung des Philetairos als Eunuch am Hof als Folge eines Unfalls zu entschuldigen.

Vieles in diesem Zusammenhang bleibt unsicher. Bedeutsam für die spätere Selbstdarstellung der pergamenischen Dynastie ist jedenfalls, daß Philetairos offenbar keine Persönlichkeit herausragender Herkunft war. Rund zwanzig Jahre stand er wohl treu auf der Seite des Lysimachos und bewahrte als Burgherr in Pergamon den Schatz. Man darf annehmen, daß er in dieser Zeit in Kontakt mit den Bürgern der Stadt wie mit den führenden Männern benachbarter Städte eine Stellung und ein Ansehen erreicht hat, die auf Höheres hoffen ließen.

Im Jahr 282 v. Chr. bot sich die Chance, solche Ambitionen zu verwirklichen. Als in Folge einer Hofintrige, von der Gattin des Lysimachos angezettelt, der Sohn des Herrschers ermordet wurde, fielen zahlreiche Generäle von ihm ab, darunter auch Philetairos. Er trat zur Seite des Seleukos I. über, und ein Jahr später starb Lysimachos in einer Schlacht gegen diesen Kontrahenten. Als noch im gleichen Jahr auch Seleukos ermordet wurde, konnte Philetairos geschickt seine Stellung ausbauen: Er übersandte die Asche dieses Königs an dessen Sohn Antiochos I. und bekam mit dieser klug gewählten Loyalitätsgeste die Hände frei, seine Stellung in Pergamon zu sichern. Seine vielleicht zu dieser Zeit einsetzende Münzprägung, die das Porträt von Seleukos I. trägt, zeigte ihn denn auch als treuen Verbündeten des verblichenen wie des lebenden Königs.

In die Zeit seiner Herrschaft über die Stadt fiel ein für ganz Kleinasien und für die spätere Geschichte Pergamons höchst bedeutsames Ereignis. Aus dem Donauraum kommend waren seit den 80er Jahren des 3. Jh.s v. Chr. Kelten, von den Griechen Galater genannt, bis an den Bosporus vorgedrungen. Zuvor waren sie sogar ins griechische Mutterland eingefallen und hatten das berühmte Heiligtum des Orakels in Delphi angegriffen. Nikomedes I., Herrscher des am Bosporus gelegenen Königreichs Bithynien, lud im Jahr 278/77 v. Chr. aus machtpolitischen Interessen diese keltischen Stämme ein, nach Kleinasien überzusetzen. Gruppen von insgesamt mehreren Zehntausend Galatern zogen in den folgenden Jahren plündernd und mordend durch Kleinasien. Aus verschiedenen Städten, wie z. B. Milet, sind inschriftliche Zeugnisse erhalten, die eindrucksvoll von Angriffen, Zerstörungen, Morden und Menschenraub berichten. Obwohl die Galater sich wenige Jahre später in drei Stammesgebieten ansiedelten, die im zentralanatolischen Hochland lagen, unternahmen sie immer wieder Raubzüge in den Süden und Westen. Zudem wurden sie von hellenistischen Herrschern in Kleinasien gern als Söldner engagiert und waren entsprechend gefürchtet. Wir werden ihnen in der pergamenischen Geschichte und Kultur fortan häufiger begegnen.

Philetairos verstand es, die von den Galatern ausgehenden Gefahren zu überstehen. Der ungeheure Reichtum, den er mit dem Abfall von Lysimachos erlangt hatte, wurde angesichts der Galaterbedrohung im Stile eines Euergeten, d. h. eines großen Wohltäters, eingesetzt, um benachbarte Städte diplomatisch an sich zu binden. Die Stadt Kyzikos beispielsweise erhielt über mehrere Jahre hinweg Geld, Getreide, Pferde und anderes mehr. Kyme, einer äolischen Stadt südlich von Pergamon, wurden 600

Bronzeschilde gestiftet. Die Städte dankten es Philetairos entsprechend: In Kyzikos wurde ein Fest mit dem Namen Philetaireia ausgerichtet, womit man ihm gar kultische Verehrung zuteil werden ließ. Gleiches geschah in Kyme, wo Philetairos zudem einen Goldkranz und in einem Philetaireion – einer eigens für ihn eingerichteten und nach ihm benannten Kultstätte – eine Statue erhielt. Doch auch andernorts profilierte er sich als Wohltäter. Generös zeigte er sich etwa gegenüber der benachbarten Hafenstadt Pitane, der er ein ansehnliches Geldgeschenk zum Kauf von Land machte, sowie gegenüber Aigai, wo er das Apollonheiligtum der Stadt unterstützte. Offenbar suchte Philetairos auch Kontakt zu den überregional bedeutenden Kultstätten. In Delphi wurde er mit den Mitgliedern seiner Familie wegen seiner Freigebigkeit zum Honorarkonsul (*proxenos*) ernannt und mit weiteren Ehren bedacht; auf der Insel Delos lobte ihn ein Epigramm als Sieger über die Galater. Auch dort ließ er sich in einem nach ihm benannten Fest feiern. Einer seiner Verwandten nahm erfolgreich an den Olympischen Spielen in Griechenland teil und erhielt für seinen Sieg ein Ehrenmonument in Pergamon. Mithin gab sich die gesamte Familie von wenig prominenter und zumindest teilweise paphlagonischer Herkunft betont griechisch.

Philetairos trug bei allen diesen Aktivitäten und trotz der zu seinen Ehren eingerichteten Kulte nicht den Königstitel. Er nannte sich einfach mit seinem Namen (so im Brief an Kyme), mit Namen und Vatersnamen (so in Kyzikos) oder bezeichnete sich als *Pergameus*, als Bürger Pergamons (so in Delphi). Mit welchem Engagement indes er den ungeheuren Reichtum in Pergamon selbst einsetzte, bleibt ganz unklar. Er wurde dort zwar noch bis in nachchristliche Zeit als Gründer und Wohltäter geehrt, aber konkrete Anlässe sind dafür nicht zu benennen. Sicher in seine Zeit gehören die Errichtung des Demeterheiligtums, das zugleich die Mutter des Philetairos, Boa, ehrt, und ein Heiligtum für die Muttergöttin Meter Aspordene bei Mamurt Kale auf dem Yünd Dağ. Damit knüpfte er an eine lokale Kulttradition der anatolischen Muttergottheit an, die in weiteren Heiligtümern inner- und außerhalb Pergamons verehrt wurde, die in den letzten Jahren gefunden wurden. In der Stadt selbst ist ein Stadtteil nach ihm Philetaireia benannt, wobei unklar ist, ob der Name einen Teil oder eher die gesamte ummauerte «Altstadt» meinte. Was die sogenannte «philetairischen Stadtmauer» betrifft, die das ca. 21 ha große Stadtgebiet im frühen 3. Jh. v. Chr. einfasste, so sind neuerdings Zweifel an einer Datierung in die Zeit des Philetairos geäußert geworden. Sie wirkt in ihrer nur einfachen Mauerführung – im Vergleich zum zeitgenössischen Festungsbau mit seinen vielen Türmen – altmodisch, weshalb eine frühere Bauzeit erwogen wird.

In jedem Fall läßt sich anhand all dieser Zeugnisse recht gut erkennen, wie Philetairos versuchte, sich als Herrscher zu profilieren. Wenn auch über sein Wirken in Pergamon kaum etwas bekannt ist, so dienten doch die Stiftungen und Geschenke an die erwähnten Städte ebenso wie seine Präsenz in den überregional bedeutenden und viel besuchten Heiligtümern der persönlichen Selbstdarstellung eines Mannes, der mit den Gepflogenheiten aristokratischer Freigebigkeit in der griechischen Welt bestens vertraut war. Die bezeugten Ehrungen und die für ihn eingerichteten Kulte stehen für echten Zuspruch und Dankbarkeit, die ihm zuteil wurden. Parallelen zum Wechselspiel von Wohltat und Ehrung, das nun für die hellenistischen Könige typisch wurde, sind gewiß nicht zufällig.

In der Politik des Philetairos waren bereits die Bahnen vorgezeichnet, in denen sich das Repräsentationsverhalten und die Kulturpolitik der künftigen pergamenischen Herrscher auch bewegen sollten. Die wichtigsten Elemente waren die Präsenz in den genannten Heiligtümern sowie die auf diese Weise dokumentierte Selbstverpflichtung auf griechische Kulturtraditionen. Hinzu kamen exklusive Zuwendungen an einzelne Stadtgemeinden gepaart mit reziproken Ehrungen, die den Herrschern in den Städten ständige Präsenz in Form von Statuen und Festen verliehen. Eine besondere Rolle spielte fortan der erfolgreiche militärische Widerstand gegen die Galater, der seit Philetairos regelrecht zum Markenzeichen der Dynastie werden sollte.

Philetairos hat seinem Nachfolger, dem von ihm adoptierten Neffen Eumenes I. ein wohlbestelltes Feld hinterlassen, auf

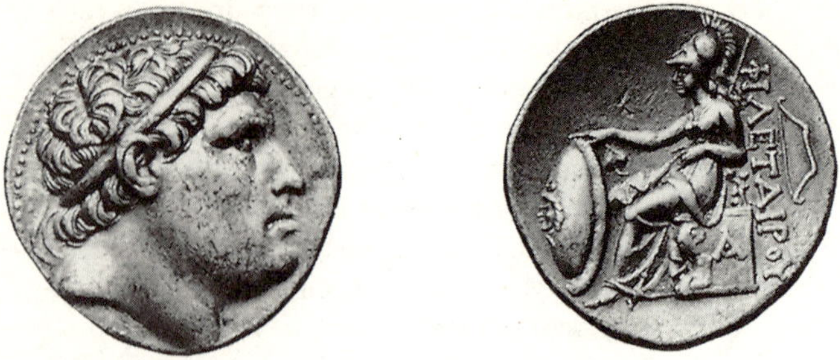

Abb. 2: Tetradrachmon Eumenes' I. mit dem Bild des Philetairos

welcher Grundlage jener von 263 v. Chr. an die Herrschaft weiter zu konsolidieren vermochte. Eumenes I., über dessen Herrschaft wir mangels Quellen nicht sehr viel wissen, wagte sogleich die Lösung vom seleukidischen König. Grundlage der von Eumenes I. proklamierten Unabhängigkeit war ein militärischer Sieg über Antiochos I., den er 261/60 v. Chr. bei Sardeis errang. Es ist freilich denkbar, daß schon Philetairos in seinen letzten Regierungsjahren zunehmend auf Distanz zu den Seleukiden gegangen war. Zwei Militärkolonien mit den dynastischen Namen Philetaireia (ca. 70 km nördlich von Pergamon gelegen) und Attaleia (ca. 40 km östlich gelegen), in denen es zu Beginn der Herrschaft Eumenes' I. zu Söldnerunruhen kam, sind möglicherweise bereits von Philetairos eingerichtet worden. Die Ansiedlung von Söldnern fern von Pergamon diente wohl der Kontrolle der Galater, könnte zugleich aber auch gegen die seleukidischen Könige gerichtet gewesen sein.

Auch wenn unsicher bleiben muß, ob es die Kolonien vor dem Tod des Philetairos schon gab, so ist doch ihre schiere Existenz kurz nach 263 v. Chr. ein weiterer Hinweis auf die Lösung aus dem Königreich der Seleukiden. Diese wird auch im Bildprogramm pergamenischer Münzen deutlich. Sie zeigten fortan nicht mehr den Kopf des Seleukidenkönigs, sondern das Bild des vergöttlichten Philetairos, das seitdem pergamenische Prägungen unverwechselbar machte. Spätestens zu diesem Zeitpunkt, wenn nicht schon zu seinen Lebzeiten, erhielt Philetairos auch in Pergamon selbst einen Kult und richtete man ihm zu Ehren in diesem Zusammenhang Feste aus.

Mit der erlangten Unabhängigkeit vom König war auch die Kontrolle über ein bereits recht beeindruckendes Herrschaftsgebiet verbunden, das nun erstmals deutlich über das Kaikostal hinausreichte. Gegenüber den Galatern war Eumenes I. aber offenbar in die Defensive geraten, denn er zahlte – wie viele Städte auch – Tribute, um vor deren Übergriffen aus dem Landesinnern sicher zu sein. Der Besitz von Schiffen belegt, daß Eumenes I. bereits Zugang zum Hafen Elaia hatte. Als er nach 22jähriger Herrschaft im Jahr 241 v. Chr. starb, war jedenfalls die von Philetairos geschaffene Basis ausgebaut. Die Weihung einer Statue für seinen Vorgänger auf Delos und die Feier des Festes der Eumeneia in Pergamon dokumentieren, daß er den von Philetairos eingeschlagenen Weg herrscherlicher Repräsentation – wenn auch in kleinerem Maßstab – weitergegangen war. Wie schon beim ersten Herrscherwechsel zeigte sich die Dynastie 241 v. Chr. erneut als intakte Familie, die sich angesichts der Thronwirren in anderen Dynastien der Zeit einen beinahe legendären Ruf an Stabilität erwarb. Mit Attalos I. kam nun ein 28jähriger Großcousin an die Macht, der Pergamon erstmals zu einem Faktor überregionaler Politik außerhalb Kleinasiens machte.

Ein Königreich entsteht und wankt: Attalos I. (241–197 v. Chr.) und die große Politik

Der junge Herrscher profilierte sich sogleich auf beeindrukkende Weise. Er verweigerte den Galatern die von ihnen geforderten Tribute, worauf diese das pergamenische Gebiet angriffen. Attalos I. konnte den keltischen Truppen Paroli bieten und unweit Pergamons im Kaikostal einen entscheidenden Sieg erringen. Obwohl er während seiner Regierungszeit noch weitere Kämpfe mit den Galatern auszutragen hatte, war dieser frühe Sieg so wichtig, daß Attalos I. damals als erstes Mitglied der Dynastie den Königstitel (*basileus*) annahm, den Beinamen «der

Retter» (*Soter*) trug und den Erfolg mit weithin berühmten Monumenten im Stadtgebiet feierte.

Zu diesem Zweck wurde in Pergamon unter Epigonos eine Art Hofbildhauerschule eingerichtet, mit der die Bildniskunst der Stadt ihren ersten Höhepunkt erreichte. Die im Athenaheiligtum ausgestellten Weihgeschenke (*Anatheme*) zeigten neben einer Statue der Athena Promachos (der Vorkämpferin) das Bildnis eines sterbenden Galaters, das heute als römische Kopie im Kapitolinischen Museum zu sehen ist. Im heiligen Bezirk wurde ferner eine Statuengruppe aufgestellt, die einen Galater zeigte, der seine tote Frau mit der Rechten hält und im Begriff ist, sich selbst mit dem Schwert zu töten. Auch von diesem Kunstwerk hat sich eine römische Kopie erhalten, die heute im Palazzo Altemps in Rom steht.

Es wurde in der Forschung kontrovers diskutiert, ob diese Galaterfiguren überhaupt zusammen und zudem in das Athenaheiligtum gehören. Mittlerweile besteht weitgehend Konsens, daß sie in Pergamon gefertigt und hier auch gemeinsam ausgestellt worden sind. Die Galater, die durch Haartracht, Bart und Schmuck eindeutig als Barbaren gekennzeichnet sind, wurden mit einem geradezu anrührenden Respekt abgebildet. Ihre Bildnisse haben nichts gemein mit den zeitgleichen literarischen Berichten über wild schreiende, weiß angemalte Monster mit zotteligen Haaren, die im Angesicht einer drohenden Niederlage sofort in Panik geraten. Der gefürchtete Feind wird vielmehr in einer idealen Haltung von Mut und Gleichmut gezeigt, die er im Angesicht des nahenden Todes einnimmt. Die Idealisierung der Feinde erhöht freilich in griechischer Bildtradition den Sieger selbst: je großartiger der überwundene Gegner desto bewundernswürdiger der siegreiche König.

Entsprechend wurde Attalos I. im Athenaheiligtum von seinem Offizier Epigenes und seinen Soldaten mit einem Reiterstandbild geehrt. Ein besonders ausdrucksstarkes Monument wurde auf Delos errichtet. Vor die Südhalle des Apollonheiligtums ließ der König zwei Ehrenmonumente stellen, die in symmetrischer Aufstellung ihn selbst wie auch Epigenes zeigten. Das Reiterstandbild von Attalos I. war bezeichnenderweise als

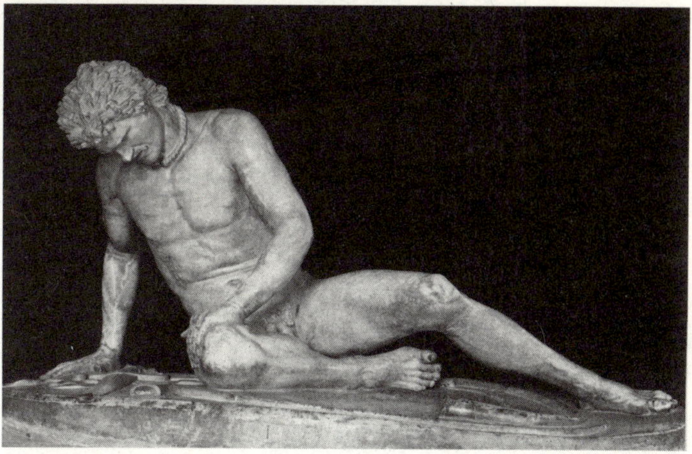

Abb. 3: Römische Kopie des Sterbenden Galliers aus dem Athenaheiligtum (Kapitolinisches Museum, Rom)

Kampfgruppe mit einzelnen Galatern gestaltet, damit gleich auf den ersten Blick erkennbar sein sollte, wofür die Ehrung erfolgt war. In den Augen der zahlreichen Besucher des delischen Heiligtums sollte sein Sieg gewissermaßen mythisch überhöht werden, den König als *den* griechischen Kämpfer gegen die Barbaren schlechthin kennzeichnen und damit in eine Reihe mit den erfolgreichen Persersiegern um Athen stellen, die in der griechischen Kunsttradition beherrschend und jedermann vertraut waren.

Die Weihung erfolgte kurz nach 228 v. Chr., als die Glaubwürdigkeit dieser Bildpropaganda durch einen weiteren militärischen Erfolg bekräftigt worden war; damals nämlich hat Attalos seinen Sieg über den Seleukiden Antiochos Hierax errungen. Dieser hatte in den vorangegangenen Jahren gegen seinen Bruder, König Seleukos II., eine uneingeschränkte Machtstellung in Kleinasien durchgesetzt. Die Expansion Pergamons unter Attalos I. mußte ihm daher ein Dorn im Auge sein. Sein Versuch, den König von Pergamon seiner Herrschaft zu unterstellen, scheiterte jedoch. Antiochos Hierax war bis in die Nähe der Stadt-

Abb. 4: Porträt Attalos' I. (Berlin, Staatliche Museen)

mauern Pergamons vorgedrungen, als Attalos I. bei einem der Stadt vorgelagerten, bisher jedoch nicht lokalisierten Aphroditeheiligtum den Angriff abwehrte. Dies war zugleich das Ende des Usurpators, der ein Jahr später, 227 v. Chr., ermordet wurde.

Der Sieg ließ sich glänzend mit dem Erfolg über die Galater rund zehn Jahre zuvor verbinden, da sich Antiochos Hierax vor allem auf galatische Söldner gestützt hatte. So erschien Attalos I. im ersten Jahrzehnt seiner Herrschaft gleichsam als kleinasiatisches Bollwerk gegen die keltischen Barbaren und ihre Angriffe auf die griechische Kultur. Die *Anatheme* (Weihungen) in Pergamon und die Stiftungen auf Delos signalisierten den Griechen, daß das neue Königreich in Pergamon ein starker und verläßlicher Partner bei der Verteidigung griechischer Freiheit in Kleinasien war. Die Dynastie bezog daraus einen guten Teil ihres Ansehens in der griechischen Welt und richtete ihre Repräsentationsstrategien in der Folgezeit umfassend darauf aus.

In einer militärischen und diplomatischen Offensive gelang es Attalos I., verschiedene Städte von Smyrna im Süden bis nach

Ilios im Norden an sich zu binden. Die Stärke Pergamons konnte in diesen Jahren leicht ausgespielt werden, da das Seleukidenreich gefährlich geschwächt war. Seleukos II. starb bereits 226 v. Chr., sein Nachfolger Seleukos III. wurde schon drei Jahre später ermordet. Mit dem neuen Seleukidenkönig Antiochos III., genannt der Große, betrat freilich ein neuer starker Gegner die Bühne. Seine Erfolge sollten mehr als zwanzig Jahre die Geschicke Pergamons bestimmen; sein Ende hat die Königsmetropole schließlich auf den Höhepunkt ihrer Macht geführt.

Der «Höhenrausch», in dem sich Attalos I. nach den letztlich unsicheren Erfolgen befunden haben mag, erhielt freilich schon rasch einen empfindlichen Dämpfer: Der von Antiochos III. im westlichen Kleinasien eingesetzte Statthalter Achaios konnte innerhalb von zwei Jahren Attalos' hochfliegenden Plänen dauerhaft Grenzen setzen. Pergamon verlor nicht nur die gerade eroberten Gebiete, sondern mußte dem militärisch durchsetzungsstarken Achaios sogar alte Besitzungen übergeben. Der attalidische König war zeitweise sogar in Pergamon selbst eingeschlossen. Achaios machte aber einen entscheidenden Fehler. Er glaubte nach diesen Erfolgen, sich von Antiochos III. emanzipieren und nach dem Muster des Antiochos Hierax ein eigenes Reich etablieren zu können. Attalos I. erkannte, daß dieser erneute Usurpationsversuch im Seleukidenreich ihm selbst wieder neue Handlungsspielräume eröffnen würde. Mit energischem Widerstand gegen den Usurpator und den bereits 218 v. Chr. einsetzenden Versuchen, neuerlich Territorialgewinne zu erzielen, bot er sich Antiochos III. als Stütze an, worauf dieser 216 v. Chr. gern einging. Der Geschichtsschreiber Polybios berichtet, daß Attalos I. für diese Eroberungszüge pikanterweise und ganz gegen seine Selbstdarstellung als Garant der griechischen Freiheit galatische Söldner rekrutierte. Er hatte sie eigens zu diesem Zweck mitsamt ihren Familien aus Europa nach Kleinasien gerufen und damit in den Augen des Polybios einen neuen Gefahrenherd geschaffen. Mit ihrer Hilfe gelang es jedenfalls, verschiedene Städte zwischen Aigai und Smyrna, darunter Kyme und Myrina, wieder unter pergamenische Kontrolle zu bringen.

Antiochos III. schloß Achaios 216 v. Chr. in Sardeis ein und ließ ihn nach der Kapitulation der Stadt wie des Heeres hinrichten. Attalos I. blieben die wiedergewonnenen Gebiete erhalten. Der Seleukidenkönig wandte sich nach dem Sieg über Achaios sogleich wieder Richtung Osten, da in seinem Reich Abfallbewegungen in den Provinzen zu bekämpfen waren. Diese anhaltende Schwäche des Reiches eröffnete Attalos I. die Chance, seine Aktivitäten im Westen, also in der Ägäis und in Griechenland, zu intensivieren und ein ganz neues Kapitel pergamenischer Geschichte aufzuschlagen, wenn auch um den Preis, daß die Könige Pergamons fortan in alle überregionalen Konflikte hineingezogen wurden.

Die politische Großwetterlage in der griechischen Staatenwelt war in diesen Jahren durch eine komplizierte politische Konstellation gekennzeichnet. In Makedonien war seit 221 v. Chr. mit Philipp V. ein Herrscher an der Macht, der mit aller Energie auf die Ausdehnung seines Einflußbereiches drängte. Dabei versuchte er auch die Schwäche der Römer, die in dem zermürbenden Krieg gegen die Karthager unter Führung Hannibals standen (Zweiter Punischer Krieg 218–201 v. Chr.), auszunutzen, indem er mit dem afrikanischen Feldherrn 215 v. Chr. ein Bündnis einging. Die Römer waren seit einigen Jahren bereits in Illyrien, dem heutigen Westgriechenland und Südalbanien, aktiv, um gegen organisierte Piraterie, die den Handelsverkehr empfindlich störte, vorzugehen. Der Pakt zwischen Philipp V. und dem römischen Erzfeind Hannibal alarmierte den Senat, der ein verstärktes Engagement in Griechenland ins Auge faßte. Im Jahr 211 v. Chr. begann der Erste Makedonische Krieg gegen Philipp V., in dem die Römer auf den Aitolischen Bund, einen starken Bundesstaat im Norden Griechenlands, als Bündnispartner setzten. Da Attalos I. bereits seit 220 v. Chr. die Aitoler gegen den makedonischen König unterstützt hatte, saß Pergamon nun mit im Boot. Es wurde durch den Vertrag zwischen Rom und dem Aitolischen Bund Bundesgenosse (*socius*) der Römer – eine folgenreiche Entwicklung.

Attalos I. kaufte 209 v. Chr. von den Aitolern die vor Athen gelegene Insel Ägina, um in Griechenland einen Stützpunkt für seine mittlerweile offenbar recht stattliche Flotte zu haben. Die Insel wurde von einem Statthalter verwaltet, der die Einkünfte nach Pergamon abführte. Wir hören von 35 Schiffen, mit denen die Pergamener im Jahr 208 v. Chr. operierten. Der Flottenstützpunkt eröffnete dem pergamenischen König zudem die Chance, die römischen Befehlshaber kennenzulernen, die sich ebenfalls auf der Insel aufhielten. Man kann sich vorstellen, daß diese persönlichen Kontakte für die weitere Diplomatie zwischen Pergamon und Rom bedeutsam werden sollten. Dies gilt besonders für Flottenunternehmungen in der Ägäis, bei denen die römischen und pergamenischen Schiffe gemeinsam operierten.

Diese Manöver wurden jäh durch schlechte Nachrichten aus Kleinasien unterbrochen. Prusias I. (230–182 v. Chr.), König von Bithynien und Schwager Philipps V., war mit einem Heer in das Umland von Pergamon eingefallen und hatte dort schwere Verwüstungen angerichtet. Attalos I. hat ihn rasch in die Schranken gewiesen, ohne daß seine eilige Abreise nach Kleinasien das Vertrauensverhältnis zu den Römern beeinträchtigt hätte – im Gegenteil: Als diese im Jahr 205 v. Chr. in höchster Not das sibyllinische und das delphische Orakel befragten, wie sie den Krieg gegen Karthago erfolgreich beenden könnten, erhielten sie den Auftrag, das Kultbild der großen Göttermutter aus Pessinous in Phrygien nach Rom zu bringen. Wir wissen nicht, wie dieser Orakelspruch zustande kam, aber es ist sehr wohl denkbar, daß über Attalos I. entsprechende Informationen über den Kult nach Rom gelangt waren. Jedenfalls war er den Römern bei der Auslösung und dem Abtransport des anikonischen – nicht bildhaft gestalteten – Kultgegenstandes behilflich, der unter großem Pomp in Rom eintraf und auf dem Palatinshügel ein eigens geschaffenes Heiligtum der Mater Magna erhielt. Der Stein wurde über Pergamon und seinen Hafen Elaia nach Rom gebracht. Diese diplomatische und organisatorische Großtat verband die Römer sicherlich nachhaltig mit Pergamon und seiner Königsdynastie.

Angesichts dieser herausragenden Stellung Attalos' I. überrascht es nicht, daß dem Ausbruch des Zweiten Makedonischen Krieges im Jahr 199 v. Chr. Konflikte zwischen Pergamon und dem mächtigen Inselstaat Rhodos auf der einen sowie Philipp V. auf der anderen Seite vorausgingen. Dieser drang nach verschiedenen Seeschlachten in der Ägäis 201 v. Chr. wie Prusias I. vor ihm bis in Sichtweite Pergamons vor und plünderte die vorstädtischen Heiligtümer der Aphrodite und der Athena. Den beiden mächtigen Bündnern Pergamon und Rhodos gelang es, Philipp V. im südwestlichen Kleinasien einzuschließen und ein Jahr später mehrere gerade in Athen anwesende römische Senatoren dazu zu bringen, im Senat für militärischen Beistand zu werben. Dieser stellte Philipp V. ein Ultimatum. Gleichzeitig intervenierten die Römer auf Bitten Attalos' I. bei Antiochos III., der 198 v. Chr. ebenfalls in pergamenisches Gebiet eingefallen war. Der König bedankte sich, indem er ein zeittypisches diplomatisches Geschenk von wahrlich königlicher Größe nach Rom sandte, nämlich einen 246 Pfund (ca. 80 kg) schweren Goldkranz.

Zwei Jahre später wurde der makedonische König unter Führung des Römers Titus Quinctius Flamininus und unter Beteiligung der pergamenischen Flotte besiegt und seine Herrschaft fortan auf das makedonische Kernland beschränkt. Im darauffolgenden Jahr 196 v. Chr. verkündete Flamininus anläßlich des großen Festes für Poseidon am Isthmos von Korinth den jubelnden Besuchern, daß alle Griechenstädte frei sein sollen. Er knüpfte damit an die Freiheitsproklamationen der hellenistischen Könige an, die gleichwohl reine Propaganda waren und unter deren Schutzmantel die Griechen um so leichter beherrscht werden konnten. Die Römer meinten es mit ihrer Erklärung freilich tatsächlich ernst, schufen letztlich damit aber ein gefährliches Machtvakuum, in das Antiochos III. hineinzustoßen versuchte.

Attalos I. konnte in den Applaus für Flamininus nicht mehr einstimmen, da er vor dem Ende des Krieges bei einer Rede, mit der er die Thebaner um Unterstützung bitten wollte, einen Schlaganfall erlitt und wenige Wochen später in Pergamon verstarb. Zuvor hatte er im Krieg gegen Philipp V. eine wichtige Rolle gespielt und war an vielen Schauplätzen als Diplomat und Verhandlungsführer aktiv geworden, um möglichst viele Griechen gegen den Makedonen zu mobilisieren. Auch zeigte er sich wie seine Vorgänger in Pergamon gegenüber den Griechen großzügig. Die Stadt Sikyon etwa, aus der sein Flottenkommandant Dionysodoros stammte, bedankte sich in seinem Beisein für die Geschenke, indem sie eine vergoldete Statue aufstellen und ihn als ersten attalidischen König zu Lebzeiten als Gott verehren ließ.

Polybios würdigte Attalos I. in einem Nachruf gar als Idealbild eines Königs. Er habe die seltene Gabe besessen, durch seinen ungeheuren Reichtum nicht korrumpiert zu werden, er habe immer Charakterstärke gezeigt und sei einzig auf seine Königswürde bedacht gewesen. So wie er seiner Familie gegenüber besonnen und untadelig aufgetreten sei, so habe er seinen Freunden und Verbündeten nicht nur Wohltaten zukommen lassen, sondern sei auch als politischer und militärischer Partner immer verläßlich und treu gewesen. Er sei mitten in ruhmvollsten Taten, «im Kampf um die Freiheit der Griechen», wie Polybios es emphatisch ausdrückte, gestorben. Und als größte Leistung würdigt der griechische Historiker abschließend die Regelung seiner Nachfolge. Trotz vier erwachsener Söhne habe Attalos I. die Thronfolge so geregelt, daß es nicht zu Streitigkeiten gekommen sei. Dies unterschied Pergamon in der Tat markant von den durch Intrigen und Verrat gekennzeichneten Verhältnissen im Seleukiden- und Ptolemäerreich.

Trotz der wechselvollen Entwicklung des pergamenischen Reiches, dessen Position noch sehr schwankend und unsicher blieb, hatte Attalos I. Pergamon zweifellos zu einem ersten Höhepunkt der Machtentfaltung geführt. Die kluge und ausgewogene Investition seines Reichtums in das Militär, den Ausbau der Flotte, die Unterstützung seiner politischen Partner und die Kultur der Stadt sicherten ihm Zuspruch inner- und außerhalb Pergamons. Er hatte seine Erfolge sicherlich nicht allein dem Reichtum zu verdanken, sondern auch besonderen intellektuellen Qualitäten und Begabungen. Bevor wir die Kulturpolitik dieses Mannes näher betrachten und uns ihre Außenwirkung wie ihren kulturellen Einfluß auf die griechische Welt vor Augen führen können, müssen wir uns aber zunächst seinem Sohn und Nachfolger Eumenes II. zuwenden.

Eumenes II. (197–158 v. Chr.): Das neue Pergamon und Rom

Die Herrschaft Eumenes' II. war von Beginn an durch die Expansion Roms gekennzeichnet, die auch Pergamon zu neuen Höhen führen sollte, ausgemünzt freilich in politischer Kontrolle durch die italische Großmacht. Der junge König wurde sogleich von einem Gegner bedroht, der ihm durch die Ausbildung bei seinem Vater und durch den Vorstoß von 198 v. Chr., bei dem er mit seinem Heer bis in das Kaikostal gezogen war, sicherlich bestens vertraut war. Die Freiheitsproklamation in Korinth war nämlich noch nicht verklungen, als Antiochos III., der sich nach seinen Erfolgen im Osten des Reiches «der Große» nannte, im Westen verstärkt Präsenz zeigte. Im Jahr 196 v. Chr. war er bereits über den Hellespont übergesetzt und verfolgte offensichtlich den Plan, das alte seleukidische Großreich wiederherzustellen und gar noch zu erweitern. Schon während der Isthmischen Spiele, bei denen die Freiheit verkündet wurde, signalisierten die Römer, daß sie eine weitere Ausdehnung seiner Herrschaft nicht dulden würden.

Für die griechischen Städte wie für Pergamon drohte in den folgenden Jahren der erneute Verlust der Unabhängigkeit. Unter Führung von Eumenes II., der in diesen Jahren mit den Römern im griechischen Mutterland kooperierte, riefen die Griechen Kleinasiens vermehrt Rom zu Hilfe. Die Römer erhörten den Ruf, worauf ein kompliziertes diplomatisches Ringen mit dem Seleukidenkönig folgte. Die von den Römern 196 v. Chr. verlangte Freiheit für von ihm bereits unterworfene Städte und die Forderung nach Zurückhaltung in Europa lehnte Antiochos III. rundweg ab. Auch eine Neubestimmung und Abgrenzung der jeweiligen Interessensphären, die 193 v. Chr. von den Römern vorgeschlagen wurden, kamen nicht zustande. Eumenes II. wirkte in dieser Zeit unablässig auf die Römer ein, denn er wußte sehr wohl, daß ein Triumph des Seleukidenkönigs das Ende seiner Dynastie in Pergamon bedeutet hätte. Der Krieg brach schließlich 192 v. Chr. in Griechenland aus, wohin sich Antiochos III. gewandt hatte. Die Einzelheiten können hier nicht erzählt werden, aber für die Geschichte Pergamons waren zwei Aspekte folgenreich, nämlich die engagierte militärische und diplomatische Politik Eumenes' II. und der rasch erzwungene Rückzug des Seleukidenkönigs.

Antiochos III. zog sich 190 v. Chr. zurück nach Kleinasien und versuchte von dort aus erneut mit den Römern zu verhandeln. Diese sahen sich jedoch nun mit ihren Verbündeten in der deutlich besseren Position und waren nicht mehr bereit, ihre früher formulierten Angebote zu wiederholen. Im Gegenteil: Die Römer forderten Kontributionen und die Aufgabe Kleinasiens. Die wichtige Seemacht Rhodos und der pergamenische König hatten den Römern diese Maximalziele empfohlen. Beide witterten nun die Chance, auf Kosten von Antiochos III. ihr Reich zu vergrößern. Pergamon war in diesem Jahr sogar unmittelbar bedroht, aber die vor den Toren marodierenden seleukidischen Truppen konnten die Stadt ebensowenig einnehmen wie den Hafen Elaia und zogen schließlich ab.

Nachdem der Seleukidenkönig 189 v. Chr. bei Magnesia am Sipylos, dem heutigen Manisa, von den Römern und Eumenes II. geschlagen worden war, erfüllten sich im Frieden von Apameia ein Jahr später die weitgespannten Hoffnungen von Rhodos und Pergamon. Im Anschluß an den Sieg setzte sofort eine hektische Reisediplomatie ein. Viele Städte, darunter Pergamon und Rhodos, schickten Gesandte nach Rom, um größtmöglichen Profit zu erzielen. Eumenes II. reiste sogar selbst an und erfuhr laut Polybios von allen Gesandten die höchsten Ehrungen in Form von Gastgeschenken, Unterbringung und Bewirtung. Er bekam zudem das Recht, seine Wünsche als erster vorzutragen. Für die Römer war er offensichtlich der bedeutendste Verbündete. Sein Auftritt war, glaubt man dem Geschichtsschreiber, ein diplomatisches und rhetorisches Meisterstück, in dem er Pergamon als verläßlichsten Partner Roms zeichnete. Eumenes II. erhielt neben hohen Reparationszahlungen ein riesiges Gebiet in Westkleinasien, das Grundlage für eine weitere Konsolidierung seiner Machtstellung wurde, zumal die Römer sich aus der Region zurückzogen und ihren Verbündeten die Kontrolle überließen. Das Königreich dehnte sich nun bis weit nach Zentralanatolien aus und erlangte zudem im Süden bei Telmessos, dem heutigen Fethiye, und beim heutigen Antalya Zugang zum Mittelmeer. Eumenes II. gehörte fortan zur ersten Riege der hellenistischen Könige, was nicht zuletzt darin Ausdruck fand, daß er wie diese eine dynastische Ehe schloß. Er heiratete Stratonike, die Tochter des Königs von Kappadokien, und verpflichtete sich damit seinen neuen unmittelbaren Nachbarn im Osten.

Der territoriale Zugewinn veranlaßte Eumenes II. oder wahrscheinlicher noch seine drei Brüder, den römischen General Gnaeus Manlius Vulso für einen Kriegszug gegen die Galater zu gewinnen. Diese waren im Gefolge Antiochos' III. als Söldner am vorangegangenen Krieg beteiligt gewesen und unternahmen erneut Plünderungszüge in Kleinasien. Die römischen und pergamenischen Truppen konnten die Galater unweit von Ancyra besiegen. Die Beute muß enorm gewesen sein, denn der römische Geschichtsschreiber Livius berichtet, daß sogar die pergamenische Flotte den Transport Richtung Rom unterstützte. Es handelte sich offenbar um einen reinen Raubzug, der nicht vom Senat legitimiert war. Vulso wurde später in Rom angeklagt, den Krieg auf privaten Entschluß und wie ein Befehlsempfänger des pergamenischen Königshauses geführt zu haben. Dieses hatte wohl den beutegierigen Römer geschickt für seine Zwecke einspannen können. Somit konnte sich Pergamon wieder einmal als Galatersieger feiern lassen.

Die neue Größe des pergamenischen Reiches zog allerdings sofort Konflikte nach sich. Prusias I. heuerte nun seinerseits Galater als Söldner an und engagierte den berühmten karthagischen Feldherrn Hannibal, der nach der Niederlage gegen Rom und anschließender langer Odyssee an seinen Hof geflohen war. Eumenes II. gelang es jedoch, Prusias I. 183 v. Chr. zu besiegen. Als erneuter Galaterbezwinger nahm er nun nach dem Vorbild seines Vaters den Beinamen *Soter* («der Retter») an.

Pergamon war zu diesem Zeitpunkt freilich in den Händen Roms, das auch nach diesem Sieg den Friedensschluß regelte. Kontinuierlich wurden Gesandtschaften an den Tiber geschickt und Senatskommissionen zur Klärung der Konflikte gebildet. Dieser diplomatische Verkehr bildete fortan die Begleitmusik jeder außenpolitischen Aktivität Pergamons. Im konkreten Fall erhielt Pergamon von Rom Galatien, das Siedlungsgebiet der Galater, hinzu – ein zweifelhafter Gewinn. Auf diesen Zuwachs folgte nämlich ein rund vierjähriger Krieg gegen Pharnakes, den König des nördlich von Galatien gelegenen Königreiches Pontos. Die Existenz der verschiedenen Königtümer und die mangelnde Bereitschaft der Römer, zwischen diesen zu vermitteln, produzierten ab sofort ständig neue Unruheherde. Eumenes II. gelang es immerhin mit seinen Verbündeten, im Jahr 179 v. Chr. Pharnakes auch ohne Hilfe Roms in die Schranken zu weisen.

Als militärisch bis dato erfolgreichster König von Pergamon hatte er bereits drei Jahre zuvor das neue Fest der Nikephoria in Pergamon eingeführt, das in vierjährigem Turnus im Heiligtum der Athena Nikephoros – (der Siegbringenden) – gefeiert werden sollte. Es folgte in den siebziger Jahren des 2. Jh.s v. Chr. die einzige Phase der Herrschaft, in der Eumenes II. keine Kriege führen mußte und sich auf den Ausbau der Residenz konzentrieren konnte. Laut Strabon ist die Pracht der hellenistischen Stadt vor allem ihm zu verdanken. Besonders augenfällig ist eine dramatische Erweiterung des ursprünglichen Stadtgebietes. Das Stadtareal wurde vervielfacht und durch eine neue imposante Befestigungsmauer gesichert. Die Stadt wurde mit Weihgeschenken, Bibliotheken und Heiligtümern ausgeschmückt, die Residenz auf und unterhalb der Oberburg spektakulär ausgebaut, indem Ende der siebziger Jahre die Anlage der Terrasse mit dem großen Altar erfolgte.

Anlaß für die Weihung des Altars könnte ein Attentat gewesen sein, das Eumenes II. 172 v. Chr. schwerverletzt überlebte. Hintergrund dieses Anschlags waren neue politische Konflikte, die in Makedonien ihren Ausgang nahmen. Dort hatte sich nach dem Tod Philipps V. dessen Sohn Perseus darangemacht, die Griechen gegen den wichtigsten Verbündeten Roms, Pergamon, aufzuwiegeln. Insgesamt scheint in diesen Jahren der Rückhalt des Eumenes II. bei den Griechen allmählich immer prekärer geworden zu sein. Ihnen wurde die Protektion und Bevorzugung des pergamenischen Königs von seiten der Römer vermehrt zum Anlaß, Pergamon stellvertretend für Rom diplomatisch zu attackieren und zu provozieren. Der Bundesstaat im griechischen Achaia lehnte sogar ein Geschenk des pergamenischen Herrschers in Höhe von 120 Talenten ab, um Eumenes II. nicht länger verpflichtet zu sein. Antirömische Politik war in dieser Zeit immer auch antipergamenische Politik.

Eumenes II. ließ sich davon nicht beeindrucken und versuchte weiter beharrlich, den Römern eine Kriegserklärung gegen Perseus schmackhaft zu machen. Auf der Rückreise einer solchen Gesandtschaft wurde das Attentat verübt. Der König hatte in der griechischen Welt offenbar beinahe alles Vertrauen verspielt. Man sah in ihm nun eine intrigante Marionette Roms, welche die übrigen Griechen bei ihren Rombesuchen denunzierte. Das mächtige Rhodos verweigerte gar der pergamenischen Festgesandtschaft die Teilnahme an den Feiern, die auf der Insel zu Ehren des Gottes Helios veranstaltet wurden.

Mit dem Mordkomplott begann der Dritte Makedonische Krieg, denn unmittelbar nach seiner Genesung schloß sich Eumenes II. den Römern zu einem Heerzug an, der im Jahr 168 v. Chr. mit der Niederlage des Perseus in der Schlacht bei Pydna endete und letztlich das Schicksal Makedoniens besiegelte. Für Eumenes II. und Pergamon verschlechterte sich die politische Lage während des Krieges weiter und wurde in der Folgezeit geradezu desolat. Zur zunehmenden Isolierung in der griechischen Welt kam auf seiten der Römer eine aufkeimende antieumenische Parteiung, die ständiges Mißtrauen schürte, für griechische Anklagen ein offenes Ohr fand und im Grunde auf den Sturz des Königs hinarbeitete. Gerüchte, Eumenes II. habe gemeinsame Sache mit Perseus machen wollen, kooperiere mit den Seleukiden, sei also Gegner Roms geworden, machten die Runde. Erschwerend trat hinzu, daß das Reich gerade durch einen gefährlichen Galateraufstand bedroht war, in dem bereits viele Pergamener bei einer ersten Niederlage ihr Leben hatten lassen müssen. Als Attalos, der Bruder des Königs, deswegen nach Rom reiste, erfuhr er Unterstützung in ganz unerwarteter Weise: Der Senat deutete ihm unverhohlen an, daß man bereit sei, ihm die Herrschaft über die Pergamon unterstellten Gebiete zu übertragen, er müsse nur sagen, an welchen er interessiert sei. Attalos lehnte aus Loyalität gegenüber seinem Bruder ab – ein aus griechischer Sicht rühmliches Beispiel für das dynastische Ethos der Attaliden und ihren Familiensinn. Die Römer versuchten daraufhin sogar, die Galater zu ermuntern, gegen Eumenes II. zu kämpfen. Als Eumenes nun selbst nach Rom reisen wollte, um sein Handeln zu erklären, wurde er geradezu gedemütigt. Bei seiner Ankunft im süditalischen Hafen Brundisium überbrachte ihm ein römischer Amtsträger die Weisung, Italien unverzüglich zu verlassen, da man in Rom nicht länger gewillt sei, ihn anzuhören.

Diese Erniedrigung rief alle politischen Gegner im Osten auf den Plan, die nun ihre Chance sahen, Eumenes II. wenn nicht zu entmachten, so doch in die Schranken zu weisen. Zahllose Gesandte, angefangen bei König Prusias II. (182–149) bis hin zu den Galatern, reisten in den folgenden Monaten nach Rom, um Pergamon anzuklagen. Eumenes II. und seinem Bruder gelang es aber, die Galater erneut zu besiegen und die Angriffe auf pergamenisches Gebiet abzuwehren. In Pergamon wurden anläßlich des Sieges 165 v. Chr. die Feste der Soteria (für Asklepios) und der Herakleia eingerichtet. Ungeachtet der Anfeindungen feierte man weiterhin selbstbewußt die militärische Stärke und lud andere ein, an diesen Festen teilzunehmen.

Als der Senator Gaius Sulpicius Galus alle Griechen kurz darauf nach Sardeis einlud, um Anklage gegen Eumenes II. zu erheben, wendete sich unvermittelt das Blatt. Offenbar erkannten die von den Galatern bedrohten Städte Kleinasiens, daß nicht Rom, sondern Pergamon Garant ihrer Sicherheit war und die Römer letztlich schwerer zu berechnen waren als das attalidische Königshaus. Die Seemacht Rhodos war zudem nach dem Sieg über Perseus von den Römern geschwächt worden und hatte seinen politischen Einfluß mit der Einrichtung eines neuen Freihafens auf der Insel Delos weitgehend verloren. Der Inselstaat nahm in der Folgezeit wieder Kontakt zu Pergamon auf. Die von Eumenes II. finanzierten Getreidespenden für Rhodos und die marmorne Ausschmückung des Theaters auf der Insel dokumentieren diesen radikalen Stimmungswechsel ebenso wie Stiftungen in Delphi und Milet.

Als Eumenes II. im Jahr 158 v. Chr. starb, endete eine sehr wechselvolle Regierungszeit, in der er einige Höhen und Tiefen erlebt hatte. Polybios, ein Zeitgenosse des Königs, würdigte ihn als einen der bedeutendsten Politiker seiner Epoche, dem kein anderer König habe das Wasser reichen können. Die politische Bedeutung des pergamenischen Reiches sei auf seine Energie und sein Engagement zurückzuführen. Kein anderer König habe derart vielen Städten Wohltaten erwiesen, und letztlich sei die kluge und erfolgreiche administrative Einbeziehung seiner drei Brüder in die Politik beispiellos. Obwohl Polybios Eumenes II. an anderen Stellen seines Werks durchaus kritisch betrachtete und teilweise den Eumenes' Ruf abträglichen Gerüchten Glauben schenkte, zollte er ihm doch abschließend den schuldigen Respekt.

Abgesehen von den diplomatischen und militärischen Erfolgen hatte Eumenes die Politik seines Vorgängers Attalos I. fortgeführt, Pergamon und seine Dynastie nicht nur zu einem politischen Schwergewicht zu machen, sondern auch zu einer Stadt der Kultur auszubauen. Die Ausstrahlung pergamenischer Kunst und Wissenschaft sowie eine umfangreiche Stiftungstätigkeit in vielen anderen Städten begründete das Ansehen der Königsmetropole, die von diesem Zeitpunkt an erklärtermaßen den Wettstreit mit Athen und Alexandria in der Frage aufnahm, wo das kulturelle Zentrum der griechischen Welt zu lokalisieren sei.

Pergamon, ein zweites Athen: Mythische Gründung und griechische Identität

Wir haben mit einem Blick auf die Frühgeschichte der Stadt bereits gesehen, daß sich Pergamon intentional durch Gründungssagen in die griechische Mythenlandschaft einfügte. Dieser Anschluß an bestehende Mythen war eben kein Überlieferungsrest einer tatsächlichen Gründung durch Siedler etwa im 2. Jahrtausend v. Chr., sondern das schiere Ergebnis einer gelehrten Konstruktion viel späterer Zeit. Als Auftraggeber dieser identitätsstiftenden Mythenbildung kommt in erster Linie die attalidische Dynastie in Frage, die ihre ungeheuren politischen Erfolge durch eine strategisch überlegte Positionierung gegenüber den anderen Königen und den übrigen griechischen Städten absichern mußte. Alle Königshäuser der Zeit ließen sich nämlich Ahnentafeln fertigen, mit denen ihre Geschlechter auf Heroen oder Götter zurückgeführt wurden. Ähnliches galt für die alten griechischen Städte.

Es ist nicht ganz deutlich, ob in Pergamon schon im 4. Jh. v. Chr., als die rudimentär sichtbare Verfassung griechischen Mustern folgte, Gründungsmythen erzählt wurden. Dafür könnten die Namen der Phylen, das heißt der Bürgerabteilungen, sprechen, die von Göttern und mythischen Figuren abgeleitet waren. Auch die Einführung des Asklepioskultes aus Epidauros im 4. Jh. v. Chr. und der Bau des Athenatempels wenig später sprechen für einen ostentativen Anschluß an das griechische Mutterland, doch tritt die Konstruktion der Gründungsmythen erst seit der Zeit des Philetairos deutlicher hervor. Wir haben ihn als umsichtigen Mann kennengelernt, der seine nicht allzu glänzende Herkunft durch eine Präsenz in überregional bedeutenden Heiligtümern und durch seine Stiftungstätigkeit in griechischen Städten ausgeglichen hat. Diesen Weg einer diplomatisch intensiven Einbettung in die griechische Welt sind Attalos I. und Eumenes II. weitergegangen. Die Selbstdarstellung als Barbarenbezwinger und Schutzherren der griechischen Welt zog sich dabei wie ein roter Faden durch die herrscherliche Repräsentation. Die Attaliden griffen gelegentlich zwar selbst auf die Dienste galatischer Söldner zurück. Aber das seit dem 5. Jh. v. Chr. in der griechischen Welt allerorts präsente Zerrbild, das einen Gegensatz zwischen zivilisierten Griechen und wilden Barbaren vermitteln sollte, drängte sich angesichts der plündernden Galater geradezu für demagogische Zwecke und einschlägige politische Propaganda auf.

Doch dies war eben nur ein Aspekt pergamenischer Selbstdarstellung. Die Könige gewannen die gewünschte Reputation durch weitere Strategien, in deren Zentrum der namengebende Gründer Pergamos und die Gründungssage um Telephos stehen. Schon Philetairos hat vermutlich an die pergamenische Mythentradition mit dem Sagenkreis der Teuthraniden angeschlossen, aber seine Nachfolger haben dies in einer Weise getan, die auch auswärts sichtbar wurde. Da sie auf dem internationalen Parkett der griechischen Staatenwelt zuhause waren, hatte die Kommunikation dieses Anspruchs andernorts und vor möglichst großem Publikum für sie eine besondere Bedeutung. Zu dem genannten Zweck wurde beispielsweise in Delphi von Attalos I. eine Stoa gebaut, für die ein auffälliger Bauplatz gewählt wurde. Sie durchschnitt als einziges Bauwerk die Mauer, die den heiligen Bezirk des Apollontempels von Delphi eingrenzte, offensichtlich, um in die Nähe des dort stehenden Schreins für den Heros Pyrrhos, auch Neoptolemos genannt, den Vater des Pergamos, zu gelangen. Ähnlich ostentativ wird in Delos auf den mythischen Kontext verwiesen. Dort wird im Apollonheiligtum zeitnah zur Errichtung der Stoa in Delphi das sogenannte Teuthrania-Anathem aufgestellt. Bei diesem Weihgeschenk handelte es sich um eine Statuengruppe, von der fünf Basen erhalten sind. Sie trugen Bilder von Eumenes I. und Attalos I. in Gesellschaft von mythischen Personen, die sämtlich Bezug zu Gründungssagen der Landschaft um Pergamon hatten. Darunter fand sich auch Teuthras, der König von Teuthrania und Stiefvater des Telephos. Das Herrscherhaus, von dem vielleicht auch Philetairos gezeigt wurde, präsentierte sich demnach buchstäblich auf Augenhöhe mit den Lokalheroen Mysiens.

Diese Stiftungen bleiben noch vage, gleichwohl datiert in das Jahr 209 v. Chr. – ein eindeutiges Zeugnis dafür, daß diese attalidische Selbstdarstellung weiter forciert wurde: Die Bewohner des pergamenischen Flottenstützpunktes Ägina stifteten Attalos I. eine Ehrenstatue, die gemeinsam mit dem einer Statue des Lokalheros Aiakos in einem Tempel aufgestellt und kultisch verehrt werden sollte. Motiviert wurde dieser gemeinsame Kult für den König und den Halbgott durch die Verwandtschaft zwischen Herakles, dem Vater des Telephos, und Aiakos, die folglich auch Ägina und Attalos I. miteinander verband. Eine solche Begründung kann nur auf eine Initiative des Königs zurückgehen, der den Ägineten demnach seine Vorstellungen über die mythische Genealogie der attalidischen Dynastie vermittelt haben dürfte.

Den unzweifelhaften Höhepunkt erreicht diese Konstruktion

mythischer Bezüge unter Eumenes II. mit dem großen Altar in Pergamon, der neben dem großen Fries mit der Gigantomachie im Innern einen zweiten, etwas kleineren Fries besaß, der die Geschichte von Telephos erzählte. Die aus verschiedenen Sagentraditionen dafür gewählte spezielle Variante dürfte auf eine Anregung Eumenes' II. zurückgehen, der seinem Geschlecht entsprechenden Glanz verleihen wollte. Die gefundenen Partien der stark fragmentierten Bilderreihe erzählen beispielsweise davon, daß Telephos in Griechenland ausgesetzt und von einer Löwin aufgezogen wurde. Demzufolge kam er auf der Suche nach seiner Mutter mit griechischen Soldaten nach Mysien, in die Landschaft Pergamons, wo er zum Stadtgründer wurde. An die Stelle der Hirschkuh, die ihn – wie es in anderen Texten heißt – säugte, wurde diesmal ein königliches Tier gesetzt, und anstelle der in früheren Varianten erzählten Vertreibung gemeinsam mit seiner Mutter trat eine «griechische Sozialisation», die ihn mit anderen Städtegründern Westkleinasiens auf eine Stufe stellte.

Die attalidische Konstruktion wurde andernorts akzeptiert. Die arkadische Stadt Tegea, in der Auge gelebt haben und Telephos geboren sein soll, beschloß, den Pergamenern wegen der mythischen Verwandtschaft (*syngeneia*) ihr Bürgerrecht (*isopoliteia*) und den Vorsitz bei Spielen zu verleihen. Das willfährig formulierte diplomatische Dokument enthält auch den Hinweis, Auge habe als Priesterin den Athenakult nach Pergamon gebracht. Der Bau eines Heroengrabes für Auge, das man noch im kaiserzeitlichen Pergamon zeigte, würde gut in diese Epoche passen.

Mit all diesen Mythen knüpfte Pergamon Verbindungen in die griechischen Landschaften Arkadien (Tegea), Aitolien (Delphi), Böotien und Epirus (Pergamos-Mythos). Pergamon war demnach im 2. Jh. v. Chr. fest in der griechischen Welt verankert, aber die kulturellen Ambitionen, die sich aus den ungeheuren militärischen und politischen Erfolgen ergaben, waren damit noch nicht befriedigt. Da Ilion, wo man das epische Troia lokalisierte, im pergamenischen Herrschaftsgebiet lag, unterstützte man auch diese Stadt, die zudem ebenso wie Pergamon den mythischen Namen Pergamos trug. Damit war man zugleich in der mythischen Genealogie verwandtschaftlich mit Rom verbunden, zu dessen Ahnherrn der Troianer Aeneas geworden war.

Wichtiger ideeller Referenzort für die griechische Kultur war ferner Athen, zu dem das pergamenische Königshaus deshalb besondere Nähe suchte. Schon Eumenes I. verfügte dank Arkesilaos, der als Bürger Pitanes im 3. Jh. v. Chr. die Akademie – jene von Platon begründete Philosophenschule in Athen – leitete, über einen prominenten Kontakt in der Stadt. Attalos I. stiftete dieser Akademie einen Garten für Unterricht und Ertüchtigung, das sogenannte Lakydeion. Die Athener ehrten Attalos I. in besonderer Weise, indem sie ihn den zehn Phylenheroen, den mythischen Gründern der attischen Bürgerschaft, an die Seite stellten. Diese herausragende Ehrung, zu der die Einrichtung einer Phyle und die Aufstellung seiner Statue auf dem zugehörigen Heroenmonument auf der Agora gehörte, wurde später nur noch dem römischen Kaiser Hadrian (117–138 n. Chr.) zuteil.

Man kann in den folgenden Jahrzehnten am Beispiel von Gesandtschaften und Ehrenstatuen denn auch eine Intensivierung der politischen Beziehungen zwischen Pergamon und Athen beobachten. Neben Denkmälern der Königsfamilie, deren Mitglieder bei attischen Wettkämpfen ihre berühmten pergamenischen Pferde vorführten und mit Statuen als Sieger geehrt wurden, standen fortan Bildnisse von Amtsträgern des Königshofes. Unter den solcherart in Athen geehrten Pergamenern ist neben den Freunden (*philoi*) des Königs und seinem Leibarzt Menandros besonders ein gewisser Theophilos hervorzuheben, der als *Syntrophos*, mithin als Ziehbruder des Königs, bezeichnet wurde.

Die engen Kontakte zu und das königliche Interesse an Athen mündeten in der Stiftung großartiger Bauten. Die Säulenhallen, die Eumenes II. und Attalos II. am Dionysostheater und an der Agora erbauen ließen, prägten das Stadtbild Athens ebenso augenfällig wie ein aus mehr als hundert Bronzestatuen bestehendes Monument an der Akropolis, das eine Gigantomachie, eine Amazonomachie, die Perserkämpfe und die Galaterkämpfe vorführte. Die urbanistische Erneuerung Athens wurde demnach mit der attalidischen Siegesideologie kombiniert, welche ausdrücklich die lokale attische Tradition, nach der die Athener die großen Barbarenbezwinger waren, im Sinne der Pergamener fortschrieb. Den Athenern gefiel angesichts der neuen politischen Konstellation und der immer noch unkalkulierbaren Rolle, die Rom in der griechischen Welt spielte, dieses Engagement offenbar ganz ausgezeichnet, denn Pergamon war unbestritten die wichtigste Mittelmacht unter den hellenistischen Königreichen.

Es ging den Königen freilich nicht allein darum, in Athen Prestige zu erwerben, sondern der kulturelle Symbolwert der Stadt sollte regelrecht nach Pergamon transferiert werden. Mit hohen Investitionen versuchte man, aus Pergamon ein zweites Athen zu machen. Der Bau einer Bibliothek am Athenaheiligtum und ihre Ausstattung mit Tausenden von Papyrusrollen sollten die Basis für intellektuelle Höhenflüge erweitern, die in Pergamon bereits im 3. Jh. v. Chr. initiiert wurden und die ansonsten aus Athen und Alexandria bekannt waren. Die Aufstellung einer Athena Parthenos in der Bibliothek – einer kleineren Kopie der berühmten Statue, die der Bildhauer Phidias im 5. Jh. v. Chr. für den Parthenon angefertigt hatte – und die bereits für das frühe 3. Jh. v. Chr. in Pergamon belegten Panathenäenwettspiele kopierten die Sakralkultur des klassischen Vorbildes. Sie wurde rasch durch die Siegesmonumente, die schon Attalos I. im Athenaheiligtum aufstellen sollte, und mithin von der Sieghaftigkeit der Dynastie überlagert. Der neue Beiname der Göttin *Nikephoros* (die Siegbringende) und die Einrichtung des Festes der Nikephoria deuten in dieselbe Richtung. Die Erweiterung dieses Festes im Jahr 182 v. Chr. unter Eumenes II. zu einem panhellenischen Kranzagon, demnach zu einem Fest mit vielfältigen Wettkämpfen, zu denen alle Griechen ab 181 v. Chr. alle vier Jahre eingeladen wurden und um einen Kranz als Siegespreis wetteiferten, strahlte über Pergamon hinaus. Die schlagkräftige Dynastie demonstrierte so nachdrücklich ihre Kulturpolitik.

Kulturpolitik der Könige und die Verwaltung des Reiches

Die wesentlichen Elemente der königlichen Kulturpolitik haben wir bereits kennengelernt. Hierzu gehörten die Präsentation der eigenen Sieghaftigkeit in Bildstiftungen, die Positionierung von Stadt und Herrschaft in der griechischen Kultur und schließlich der Ausbau der Residenz zu einer Metropole mit intellektueller Anziehungskraft. Attalidische Kulturpolitik war daher immer auch Machtpolitik. Als pergamenische Agenten im frühen 2. Jh. v. Chr. begannen, alle in den griechischen Städten verfügbaren Schriften für die neue Bibliothek zu kaufen, soll der König von Ägypten die Ausfuhr von Papyrus untersagt haben, da er von den Entwicklungen in Pergamon für die Bibliothek von Alexandria und damit für sich selbst einen Ansehensverlust befürchtet haben soll.

Die kulturelle Blüte der Stadt Pergamon wurde wie bereits angedeutet von den Königen durch eine intensive Stiftungstätigkeit in anderen Städten auch nach außen getragen. Diese Form der Kulturpolitik verpflichtete die untergebenen und befreundeten Städte auf besondere Weise. Einige wenige Hinweise zu diesem Kontext müssen hier genügen. Baustiftungen sind etwa in Athen, Delphi, Milet, Rhodos und Termessos bezeugt. Für Planung und Bauausführung wurden bisweilen auch Architekten und Steinmetze aus Pergamon entsandt, für die Halle Eumenes' II. in Athen sogar bereits in Pergamon vorgefertigte Bauteile geliefert. Wir hören von pergamenischen Arbeitern auf der Baustelle des Theaters von Delphi und von Malern, die dort Gemälde restaurierten. Hinzu kamen Geldzahlungen an Städte, die der Versorgung der Bevölkerung, dem Unterhalt von Künstlervereinigungen oder der Finanzierung von Gymnasien, mithin der Ausbildung der Jugend dienten. Eintragungen in einem Kalender eines Gymnasions auf Kos weisen in dieselbe Richtung und listen nicht nur Lehrerkonferenzen, sondern auch Feiertage für die attalidischen Könige auf. Auf sehr unterschiedliche Weise waren die Könige mithin im Alltag vieler Städte gegenwärtig. Bei den Stiftungen wurden sicherlich die Beschenkten vorher angehört, nach ihren Wünschen befragt und das Präsent entsprechend geschnürt. Die Gegengabe bestand aus politischer Loyalität und Ehrungen unterschiedlicher Art. Die pergamenischen Könige wurden als Wohltäter aller Griechen gefeiert, die nicht nur die Freiheit verteidigten, sondern auch für materielles Wohlergehen sorgten. Die Zuwendungen wurden sehr pragmatisch eingesetzt: Wie alle hellenistischen Reiche so war auch Pergamon darauf angewiesen, daß die inkorporierten Gebiete funktionsfähig blieben, sich möglichst selbst verwalteten und dies verläßlich und ergeben taten.

Die Organisation der Herrschaft kreiste ansonsten im wesentlichen um zwei Aspekte, nämlich die Stadt Pergamon und die Verwaltung des Reiches. Die Reichsverwaltung, die hier in ihrer Vielfalt nicht behandelt werden kann, hatte auf sehr unterschiedliche Anforderungen zu reagieren. Neben den griechischen Städten gab es Militärkolonien, Tempelstaaten, königliche Domänen und Gegenden, in denen einheimische Stämme lebten. Für andere Gebiete, wie die Insel Ägina, mußten spezielle Verwaltungsformen gefunden werden. Die Attaliden konnten in ihrem Reich an ältere Strukturen etwa der Seleukiden oder gar Alexanders des Großen anknüpfen, mußten sich andererseits aber auch bald mit römischen Vorstellungen vertraut machen. Einzelne Schlaglichter lassen erahnen, mit welchem Engagement man sich der Regelung selbst kleiner Probleme widmete. Hierfür stand in der königlichen Administration ein in seleukidischer Tradition stehender Stab bereit. Zu diesem gehörten eine Art Vizekanzler («Herr der Dinge»), der *Archiereus* («Oberpriester» für den Herrscherkult im Reich), die Strategen (Provinzstatthalter), der *Hemiolios* (Steuern und Finanzen), verschiedene Stadtkommandanten, der *Oikonomos* (Steuern), weitere Amtsträger für das Rechnungswesen und Personen im engeren Hofbereich (Schatzmeister, Siegelführer). Erst in den letzten Jahren haben neue Inschriftenfunde deutlich gemacht, daß das attalidische Reich eine ähnlich differenzierte administrative Struktur aufwies, wie sie dank der günstigeren Überlieferungssituation bisher aus Ägypten für das Ptolemäerreich bekannt war. Die seit Eumenes II. geprägten neuartigen pergamenischen Münzen, die nach der auf ihnen abgebildeten kultischen Deckelkiste Kistophoren genannt wurden, schufen zudem einen reichsweit einheitlichen Münzfuß, eine regelrechte pergamenische Binnenwährung, die Steuererhebung und Wirtschaft erleichterte.

Der Herrschaftsanspruch wurde mit Hilfe des Militärs durchgesetzt. Neben Garnisonen gab es Militärkolonien, die makedonische, seleukidische oder neue attalidische Gründungen waren. Offiziere, welche die militärische Einsatzbereitschaft der Landbau treibenden Soldaten zu gewährleisten hatten, standen ihnen vor. Mehrere Zeugnisse für Aufstände und rüdes Auftreten gegenüber den Königen zeigen, daß die Soldaten sehr wohl wußten, was die Könige an ihnen hatten. Diese Ansiedlungen wurden mit der Zeit feste Orte, die sich, wie beispielsweise Toriaion in Phrygien, sogar Verfassungen einer griechischen Polis gaben und hierin von den Königen unterstützt wurden. Diese Entwicklungen gehörten zur attalidischen Stadtgründungspolitik, mit der sich die Herrscher in eine Reihe mit Alexander und seinen Nachfolgern stellten. Mehrere Dutzend Städte von der Westküste bis zum heutigen Antalya, dem antiken Attaleia, verdanken ihre Existenz den Königen von Pergamon, die sich damit bestens in die hellenistische Politik aller Dynastien einfügten. Herrscherliche Repräsentation, militärische Kontrolle und Verstädterung gingen in hellenistischer Zeit Hand in Hand.

Das Verhältnis zwischen Stadt und König läßt sich auch in Pergamon selbst studieren, das als Residenzstadt einen besonderen Charakter besaß. Von Interesse ist in diesem Zusammenhang vor allem, in welchem Verhältnis der König mit seinem administrativen Stab zu den städtischen Verfassungsorganen stand. Obwohl die Könige selbstverständlich jederzeit in städtische Belange eingreifen konnten, blieben die örtlichen Magistraturen und die Volksversammlung bestehen. Nach außen trat Pergamon weiterhin als autonome Polis auf. Unter Eumenes I. sind erstmals fünf Strategen überliefert, die als Beschlußorgan an der Spitze dieser städtischen Institutionen genannt werden. Man hat diese lange für Amtsträger gehalten, die vom König zur Kontrolle der Stadt eingesetzt wurden. Es spricht aber einiges dafür, daß sie von den Bürgern der Stadt selbst gewählt und installiert wurden. Erst mit der Expansion im 2. Jh. v. Chr. wurde ein königlicher Stadtkommandant vom Herrscher bestimmt, der ihnen zur Seite stand.

Ansonsten ähnelte die Stadtverwaltung jener vieler anderer Städte. In den Quellen werden verschiedene Amtsträger für die Verwaltungszweige erwähnt, von denen wir den Prytanen bereits kennengelernt haben. Aufschlußreich für die Funktionsweise der Stadtverwaltung ist ein in Pergamon erhaltenes Gesetz, das Einblick in die Aufgaben und Regelungen des Stadtaufsehers (*Astynomos*) gewährt. Der vermutlich aus der Zeit Eumenes' II. stammende Text, der in der römischen Kaiserzeit neu abgeschrieben und öffentlich aufgestellt wurde, regelte Details der städtischen Bauordnung und versuchte verschiedene Mißstände (illegale Bauten, Verunreinigungen von Straßen, Wasserleitungen und Zisternen und anderes mehr) abzustellen. Das Gesetz gewährt einen facettenreichen Einblick in Arbeitsbereiche der städtischen Verwaltung mit ihren verschiedenen Amtsträgern vom Straßenaufseher bis zum Kassenführer.

Die Polisverfassung von Pergamon hatte bis zum Ende der Attalidenherrschaft Bestand, was die mit der Einrichtung der römischen Provinz verbundenen Transformationsprozesse erleichtert haben dürfte. Das einträchtige Miteinander von Königen und Bürgern, die von den Erfolgen ja unmittelbar profitierten, fand seinen Ausdruck im lokalen Herrscherkult. Wie in zahlreichen anderen Städten so wurden schon Philetairos und Eumenes I., später auch die Könige seit Attalos I. wohl bereits zu Lebzeiten in Pergamon selbst kultisch verehrt und nach ihrem Tod zu Göttern. Herausgehoben war der Kult für den Gründer Philetairos, denn der städtische Prytane war immer auch Priester des Stammvaters der Dynastie. Eine besondere Rolle spielten bei dieser Verehrung neben den lokalen Priestern die Dionysischen Techniten – eine Künstlervereinigung, die in Teos beheimatet war, aber von Eumenes II. begünstigt auch in Pergamon auftrat. Sie agierten im Rahmen des Dionysoskultes im Theater, aber auch im Zusammenhang mit dem Herrscherkult. Ihnen wurden in Teos die sogenannten Attalisten an die Seite gestellt, die sich in erster Linie um die Verehrung der Könige zu kümmern hatten und zu diesem Zweck ein Gebäude, das Attaleion, unterhielten.

Die letzten Könige Attalos II. (158–138 v. Chr.) und Attalos III. (138–133 v. Chr.)

Als Attalos II. die Herrschaft hochbetagt im Alter von 61 Jahren übernahm, hatte er bereits hinreichend erfahren, daß die Mittelmeerwelt Rom ausgeliefert zu sein schien. Als Fürsprecher seines Bruders Eumenes II. hatte er bei Unterredungen im Senat die Arroganz der Macht gespürt, der er freilich widerstanden und sich so den inoffiziellen Beinamen Philadelphos, der Bruderliebende, erworben hatte.

Seine Regierungszeit wurde sogleich überschattet durch erneute Angriffe des bithynischen Königs Prusias II. Dieser fügte Attalos II. 155 v. Chr. eine schwere Niederlage zu und zog marodierend durch das Kaikostal, wobei das Athena-Nikephorosheiligtum erneut geplündert und die Statue des Asklepios aus dem Tempel geraubt wurde. Zwei Gesandtschaften nach Rom veranlaßten den Senat, von Prusias II. eine Beendigung des Krieges zu fordern. Dieser überlistete eine zu diesem Zweck nach Pergamon angereiste Gesandtschaft und schloß die römischen Senatoren mit Attalos II. in Pergamon ein. Daraufhin ging Rom zu einer diplomatischen Großoffensive über, die von militärischen Aktionen der Pergamener begleitet wurde. Prusias II. lenkte ein und erklärte sich bereit, Entschädigungen für die Verwüstungen zu zahlen.

Attalos II., der in diesen Jahren erfolgreich im Seleukidenreich den dortigen König durch einen neuen Prätendenten ersetzt hatte, versuchte ähnliches nun auch in Bithynien. Es gelang ihm 149 v. Chr., Prusias II. mit Hilfe dessen eigenen Sohnes Nikomedes zu stürzen, der damals ein Verbündeter Pergamons wurde. Attalos II. warf in einer Inschrift, mit der er den Sieg in Pergamon feierte, Prusias II. vor, er habe die «auf Veranlassung Roms geschlossenen Verträge» verletzt. Mit klarem Blick für die Realitäten führte Attalos II. durch die unmißverständliche Formulierung auch der pergamenischen Öffentlichkeit vor Augen, daß ungeachtet seiner Erfolge die Römer immer im Hintergrund standen. So überrascht es nicht, wenn sein letztes Regierungsjahrzehnt ihn als treuen Gehilfen Roms sah. Beim Sturz des makedonischen Prätendenten Andriskos leistete er ebenso Hilfe wie bei der Zerstörung Korinths 146 v. Chr., wo er sich am Kunstraub beteiligte und die Stadt Pergamon um einige Statuen bereicherte.

Die letzten Regierungsjahre verbrachte Attalos II. in Pergamon, widmete sich dem Ausbau der Stadt und bereitete die Übergabe der Herrschaft an seinen Nachfolger Attalos III. vor. Dieser war von Eumenes II. zwar als Kind anerkannt worden, möglicherweise war er aber ein leiblicher Sohn seines Bruders. Attalos II. hatte nämlich, als nach dem Attentat im Jahr 171 v. Chr. fälschlich der Tod Eumenes' II. gemeldet wurde, die Herrschaft übernommen und die bis dahin kinderlose Königin Stratonike geheiratet. Die Ehe wurde nach Aufklärung des Irrtums umgehend wieder gelöst. Aber es ist unsicher, ob Attalos III. tatsächlich in dieser Zeit geboren wurde.

Er trat im Jahr 138 v. Chr. nach dem Tod seines Onkels als letzter attalidischer König die Herrschaft an und trug den Beinamen Philometor, der Mutterliebende. Über seine kurze Regierungszeit ist fast nichts bekannt. Er soll nach dem Tod seiner Mutter und seiner Braut zahlreiche Personen aus seiner näheren Umgebung hingerichtet haben lassen, aber diese Nachrichten sind wenig vertrauenswürdig. Ebenso zweifelhaft ist, ob er systematisch gegen die alten Führungspersönlichkeiten und Vertrauten seines Vorgängers vorging. Die antiken Autoren zeichneten ihn alter Topik folgend als Tyrannen und Sonderling, der, statt sich um die anstehenden politischen Aufgaben zu kümmern, seinen dilettantisch praktizierten literarischen und künstlerischen Neigungen nachging. Für den berühmten Historiker Theodor Mommsen schien mit diesem König gar ein «asiatisches Sultanregime» an die Stelle der «Bürgerkönige» getreten zu sein.

Bei genauerer Betrachtung ergibt sich freilich ein differenzierteres Bild. Attalos' III. Studien zu Gartenbau und Medizin wurden in der Antike von Spezialisten ernst genommen und rezipiert. Der pergamenische Arzt Galen spricht in seinen medizinischen Werken im 2. Jh. n. Chr. anerkennend von «unserem König», wenn er dessen Schriften zitiert. Jedenfalls befand sich der König mit seinen Studien durchaus in guter Gesellschaft anderer Herrscher, die ähnliche Interessen pflegten. In Pergamon verfaßten seine Vorgänger Eumenes I., Attalos I. und Eumenes II. ebenfalls Schriften zu unterschiedlichen – nicht regierungspraktischen – Themen. Eine Inschrift überliefert denn auch entgegen der ansonsten rein negativen Darstellung in den literarischen Quellen einen militärischen Erfolg Attalos' III. und besondere Ehrungen durch die Stadt. So sollte zum Empfang des siegreichen Königs vor den Toren der Stadt eine Festprozession aus Amtsträgern, Priestern und einfachen Bürgern entgegenziehen. Er wurde ferner mit einer Statue im Asklepiosheiligtum, einem goldenen Reiterstandbild auf der Oberburg und mit umfangreichen kultischen Ehren ausgezeichnet, was moderne Historiker dem König freilich als Hang zum Pompösen angekreidet haben.

Die politische Großwetterlage dürfte den jungen König nicht zu großen Plänen motiviert haben. Die zunehmend geschwächten hellenistischen Reiche und die Stärke Roms hatten ihn offenbar schon zu Beginn seiner Herrschaft veranlaßt, für den weiteren Weg Pergamons ganz neue Weichenstellungen vorzunehmen und sich zumindest als kinderloser Regent abzusichern: Als er 133 v. Chr. überraschend an einer Krankheit starb, hinterließ er ein Testament, wodurch das pergamenische Reich Rom übertragen wurde.

Aristonikos (133–129 v. Chr.) und römische Herrschaft

Roms vollkommene Überraschung war keine Pose, sondern echt. Die Nachricht platzte zudem in innenpolitische Unruhen, bei denen, angestoßen durch Tiberius Gracchus, in Rom Senat und Volksversammlung um die jeweiligen Kompetenzen stritten. Das Testament wurde sogleich politisch instrumentalisiert, was eine Umsetzung der Bestimmungen durch den Senat verzögerte. Die ungeheuren Reichtümer, die das Testament versprach, sollten zur Bezahlung heftig umkämpfter innenpolitischer Reformen, zu denen vor allem Landverteilungen gehörten, eingesetzt werden.

Auch in Pergamon löste das Testament wenn nicht Bestürzung, so doch Dissens aus, der vielleicht bürgerkriegsähnliche Formen annahm. Ein erstes Dekret, in dem die testamentarisch verfügte «Freiheit» Pergamons ausdrücklich erwähnt wurde, kann nicht über die Unruhe in der Bevölkerung hinwegtäuschen. Zur Klärung der Situation wurde aus der Führungsschicht der Stadt eine Kommission eingesetzt, welche die Abwicklung der staatlichen Souveränität in die Hand nehmen sollte. In diesem Kontext lautete die entscheidende Frage, welche Gestalt die Stadt Pergamon im Römischen Reich erhalten sollte, nachdem sie ihren Status als Residenz verloren hatte. Wenige Jahre später nannte man sich bereits stolz *demokratia* und verklärte die Rolle der Bürger unter den Königen. Die «siegbringende» Stadtgöttin wurde damals in Athena Polias (von griechisch *polis*=Stadt) umbenannt, um im weiteren die Rolle der Bürgerschaft hervorzuheben, und trug erst einige Jahrzehnte später den Doppelbeinamen «Polias und Nikephoros».

Gleichzeitig brach 133 v. Chr. außerhalb der Stadt unter Führung des Aristonikos, der sich als illegitimer Sohn Attalos' II. ausgab und den Namen Eumenes III. annahm, ein großer Aufstand aus. Ziel war die Wiederherstellung der Königsherrschaft. Unmittelbar nach Beginn des Aufstands bildete sich eine Koalition von kleinasiatischen Königen und Städten gegen die Aufständischen, darunter auch Pergamon selbst, Smyrna und Ephesos. In einer Ehreninschrift aus Metropolis am Kaystertal heißt es, daß die Städte keinesfalls die gerade nach dem Tod des letzten Attaliden von den Römern erhaltene Freiheit an die Aufständischen verlieren wollten. Daher wurden aus vielen Orten kleine militärische Kontingente entsandt, um in gemeinsamer Anstrengung den Aufstand niederzuschlagen und die Römer, die in der Inschrift als «allgemeine Wohltäter» bezeichnet wurden, bei der Durchsetzung ihrer Interessen zu unterstützen.

Aristonikos erzielte zu Beginn beachtliche Erfolge und konnte eine Zeitlang sogar mit einer Flotte operieren. Vor allem die Landbevölkerung und die Sklaven schlossen sich ihm an, der sich nach anfänglichen Erfolgen plündernd ins Landesinnere zurückgezogen hatte. Der Ruf nach Befreiung der Unterdrückten mehrte sein Gefolge, das ihr Führer die «Sonnenbürger» (Heliopoliten) nannte. Die persönlichen Interessen des Usurpators und soziale Unzufriedenheit ließen sich demnach glänzend miteinander verbinden. 131 v. Chr. griffen die Römer ein, aber die Erfolge des Aristonikos hielten an. Ein Jahr später wurde sogar der römische Konsul Publius Licinius Crassus mit seinem Heer geschlagen und kam in der Schlacht um. Seinem Nachfolger Marcus Perperna aber gelang es 129 v. Chr., den Heerzug der Aufständischen einzuschließen und Aristonikos nach Rom zu bringen, wo er hingerichtet wurde.

Marcus Perperna lud alle betroffenen Städte zu einer großen Siegesfeier in Pergamon ein. Damit war der Weg frei für die Einrichtung der römischen Provinz Asia, mit deren Konzeption eine Senatskommission bereits 133/32 v. Chr. begonnen und die dann 132 v. Chr. mit einem Senatsbeschluß Form angenommen hatte. Er regelte die Auslegung des Attalostestaments und die Überführung seiner Bestimmungen in römische Verwaltungspraxis. Offenbar stieß die römische Interpretation, welche eine Kommission unter Manlius Aquilius ausgearbeitet hatte, in Pergamon auf Kritik, ohne daß genau zu sagen wäre, woran sich der Unmut entzündete. In Pergamon mußte man fortan damit leben, daß Rom nicht nur wie seit den Tagen Eumenes' II. in der überregionalen Politik den Ton angab, sondern seine Sachwalter plötzlich in eigener Person in der Stadt präsent waren. Zur Bewältigung der völlig neuen Situation in Pergamon und zur Verständigung darüber, welchen Platz die Bürger der Stadt unter römischer Herrschaft einnehmen sollten, wählten die führenden Pergamener eine treffende Strategie. Hierbei spielte das städtische Gymnasion eine zentrale Rolle. Eine Reihe von Ehrendekreten der Gymnasiarchen formulierte die bürgerlichen Werte, auf die man sich verpflichtete. Diese Texte, die in der späten Königszeit aufkamen und nach 133 in auffälliger Dichte formuliert und bekanntgemacht wurden, bildeten eine Klammer, welche die lokale Identität der Königszeit mit der neuen Ära verband. Eumenes II. hatte mit dem Neubau des großen pergamenischen

Gymnasions eine Ausbildungsstätte eingerichtet, die, auf drei Terrassen am Burgberg und mit einer Länge von 210 m errichtet, zum ungemein repräsentativen Identifikationsraum des Demos, mithin der männlichen Vollbürger, wurde. Während der Ausbildung wurde die Jugend auf die maßgeblichen Werte verpflichtet und erlernte nicht nur abstrakt, sondern auch konkret im Rahmen der gymnasialen Festkultur sowie bei den öffentlichen Prozessionen die angemessene Bewegung im politischen Raum der Stadt. Das gestiftete Gebäude war ein signifikantes Zeichen der Wertschätzung, die dem Demos in den Augen des Königs zukam. Das aus dem Gedanken königlicher Partnerschaft gespeiste Selbstbewußtsein der Bürger und die in der Ausbildung erfolgende Sinnstiftung sollten in die neue Zeit weitergetragen werden, eine Orientierung erleichtern und gegen die Begehrlichkeiten der künftigen Machthaber zusammenschweißen. Die Gymnasiarchen als prominente Vertreter der lokalen Elite widmeten sich konzentriert dieser Aufgabe. Wie nötig dies war, sollte schon die nächste Generation leidvoll erfahren.

Aufstand, Strafgericht und Diodoros Pasparos: Ein Bürger als König

Die kultische Verehrung, die man noch dem ersten römischen Statthalter Manlius Aquilius in Pergamon zukommen ließ, sollte nur eine Episode bleiben. Die römische Herrschaft wurde den kleinasiatischen Städten schnell zur drückenden Last. Übergriffe von römischen Soldaten, Zwangsrekrutierungen und ungesetzliche Abgabenforderungen brachten viele Orte in Not. Der Machtmißbrauch durch römische Senatoren und die Raffgier der Steuereintreiber taten ein Übriges. Wenn die Städte nicht mehr zahlen konnten, boten ihnen die römischen Funktionäre Kredite zu Wucherzinsen an, die nicht zurückgezahlt werden konnten, weil schon der nächste Steuereintreiber ans Stadttor klopfte. Zahlreiche Gesandtschaften zogen nach Rom mit dem Auftrag, dort Zugeständnisse zu erreichen, um die heimische Not zu lindern, was bisweilen gelang. Die innerrömische Konkurrenz zwischen den senatorischen Statthaltern und den Steuerpächtern, die aus dem Ritterstand kamen, verhinderte aber, eine umfassende Lösung zu finden. Eine solche wurde erst mit der Reform des Abgabensystems in der frühen Kaiserzeit erreicht.

Bis dahin herrschten weiter schlimme Zustände, die der pontische König Mithridates VI. (132–63 v. Chr.) für seine Interessen zu instrumentalisieren wußte. Dieser hatte seit dem späten 2. Jh. v. Chr. seine Herrschaft vom nordöstlichen Anatolien aus kontinuierlich ausgedehnt und schließlich 94 v. Chr. in Bithynien den König Nikomedes abgesetzt. Eine römische Kommission unter Führung von Manius Aquilius (nicht zu verwechseln mit dem oben genannten Manlius Aquilius) reiste darauf 91/90 v. Chr. nach Kleinasien, um Mithridates zu stoppen. Nach halbherzigen, ja geradezu arrogant geführten Verhandlungen zogen bithynische und römische Truppen gegen den pontischen König. Nachdem dieser seine Gegner vernichtend geschlagen hatte, marschierte Mithridates nach Westkleinasien und forderte die Städte auf, von Rom abzufallen. Beinahe alle Städte der neuen Provinz schlossen sich umgehend an, darunter auch Pergamon. Die Stadt wurde sogar Hauptquartier des Mithridates, der den auf die Insel Lesbos geflohenen römischen Unterhändler Manius Aquilius hierher bringen ließ. Er wurde auf einen Esel gesetzt, durch die Stadt geführt und schließlich durch flüssiges Gold, das man ihm in den Rachen goß, grausam getötet – vermutlich eine bildhafte Anspielung auf seine Geldgier. Kurze Zeit darauf folgten die Pergamener auch dem Aufruf des Königs an die Städte, alle Italiker und Römer zu ermorden. Im Asklepiosheiligtum vor der Stadt, in das diese in ihrer Not geflohen waren und wo sie nun an Statuen geklammert Asyl suchten, wurden sie von den Pergamenern abgeschlachtet.

Für diesen Treuebruch und Frevel sollte Pergamon einen hohen Preis bezahlen. Nachdem rund hunderttausend Römer und Italiker in Kleinasien ermordet worden waren und sich Teile Griechenlands, darunter Athen, dem Aufstand angeschlossen hatten, entsandten die Römer mehrere Legionen in den Osten. Unter der Führung von Sulla und Gaius Flavius Fimbria wurde nun ein hartes Strafgericht gehalten, das durch die innenpolitische Rivalität der beiden Männer noch angeheizt wurde. Fimbria, der sich zwei Legionen ohne Senatsbeschluß angeeignet hatte, zog nach Pergamon und vertrieb Mithridates, der sich über Pitane nach Lesbos flüchten konnte. Der Geschichtsschreiber Appian berichtet, Fimbria sei darauf von Pitane aus mordend und brandschatzend durch pergamenisches Gebiet nach Norden in die Troas gezogen. Diese Zerstörungen lassen sich in Pergamon selbst, neuerdings auch im ländlichen Raum, archäologisch nachweisen.

Das eigentliche Strafgericht folgte freilich, nachdem Sulla Mithridates den Frieden diktiert und sein Gegner Fimbria Selbstmord begangen hatte. Pergamon, das damals seine Freiheit verlor, mußte wie alle abtrünnigen Städte hohe Abgaben zahlen und konfisziertes Land, das man pergamenischen Gegnern des Mithridates genommen hatte, wieder zurückerstatten. Sulla erinnerte explizit an den Aristonikosaufstand und sah offenbar in Pergamon einen notorischen Unruheherd. Diese Lasten waren wirtschaftlich erdrückend, ja ruinös und schufen innerstädtisch große soziale wie politische Spannungen. Zehn Jahre lang herrschte ein Terrorregime der römischen Steuereintreiber, und die in Privathäusern einquartierten Soldaten belasteten die Stadt aufs äußerste. Es ist schwer vorstellbar, wie sich das städtische Leben nach Verlust des königlichen Schatzes und unter dem erbarmungslosen Druck der Strafzahlungen gestaltete. Archäologische Forschungen im Stadtgebiet haben den Nachweis eines deprimierenden Niedergangs in dieser Zeit erbracht, der damals ganze Wohnviertel in Mitleidenschaft gezogen hat.

Wie stark die Belastungen waren, kann man ermessen, wenn man an den Jubel denkt, der anläßlich der Entspannung der Situation wenige Jahre später aufbrandete. Er brach sich Bahn in den Ehrungen jenes Mannes, dem man dies zu verdanken hatte, nämlich dem Pergamener Diodoros Pasparos. Eine Reihe von Ehreninschriften überliefert eine mehrjährige Gesandtschaftsreise des Diodoros nach Rom, auf der er eine nachhaltige Verbesserung der Situation erwirken konnte. Abgabenerlaß, Befreiung von Zwangsrekrutierungen sowie Beendigung der Einquartierung von Soldaten und anderes mehr konnte er erreichen. Die Pergamener dankten es ihm überschwenglich. Goldene und marmorne Statuen wurden für Diodoros gestiftet. Er durfte fortan die Ratssitzungen und Volksversammlungen mit einem Opfer eröffnen und erhielt einen Ehrensitz bei allen Festen. Der Tag seiner Rückkehr von der Gesandtschaft wurde als Festtag in den Kalender aufgenommen und eine Phyle nach ihm benannt. In der Oberstadt wurde ein Diodoreion gebaut, in dem er einen Kult mit heiligem Bezirk erhielt. Nach seinem Tod sollte er ein Grab auf dem oberen Marktplatz der Stadt erhalten und demnach wie ein Gründerheros verehrt werden.

Diodoros wurde in einer Weise geehrt, die sehr an die Zeit der Könige erinnerte, und er wird sich in der Stadt wie ein König bewegt haben. Die von ihm in großer Zahl aufgestellten Statuen und finanzierten Kultstiftungen für die attalidischen Könige gehörten zum Programm der Verklärung der Königszeit. Mit seiner umfangreichen Bautätigkeit im städtischen Gymnasion knüpfte er an Eumenes II. an, war aber als Vorsteher des Gymnasions zugleich selbst ein Bürger. Diodoros gehörte folglich mit seinem Engagement zu jener Gruppe des pergamenischen Establishments, welche für die Werte einstand, auf die alle Bürger verpflichtet werden sollten. Diese Tradition sollte im Gymnasion verklärt und an die nachfolgenden Generationen weitergegeben werden. Täglich salbte man sich mit dem von Diodoros gestifteten Öl, und ein allmonatliches Opfer an seinem Standbild sollte den unterschiedlichen Altersstufen Gelegenheit geben, sich zu vergegenwärtigen, wie der Geehrte für die Eintracht (*Homonoia*) der Bürger gewirkt hatte, und vor diesem Hintergrund mag man erahnen, welche Spannungen in der Oberschicht wie in der Bevölkerung nach dem Mithridatischen Krieg geherrscht haben müssen. Angesichts der Verdienste des Diodoros um den Wiederaufbau war es naheliegend, daß die Jugend im Gymnasion beschloß, seine Statue neben die des vergöttlichten Philetairos zu stellen und ihr Opfer darzubringen.

Pergamon hatte sich allmählich erholt, als mit den römischen Bürgerkriegen vom Jahr 49 v. Chr. an neue Unruhen und Belastungen aufkamen. Schon vom Krieg zwischen Caesar und Pompeius, der seinen Abschluß im griechischen Osten fand, war Pergamon betroffen. Ein Parteigänger des Pompeius nahm dort Quartier und bezahlte seine Truppen mit Geldern, die er den Städten raubte. Nach dem Sieg Caesars 48 v. Chr. konnte man in Pergamon aufatmen. Ein gewisser Mithridates, Sohn des Pergameners Menodotos und einer galatischen Prinzessin mit dem Namen Adobogiona, konnte bei dem Diktator erwirken, daß die Stadt die Freiheit zurückerhielt. Sein Erfolg gründete auf engen Kontakten zu Caesar, den er unter anderem militärisch im sogenannten Alexandrinischen Krieg unterstützt hatte. Der daraufhin von Caesar protegierte und von diesem als König und Fürst eines Galaterstammes eingesetzte Mithridates wurde jedenfalls als neuer Gründer Pergamons geehrt, und eine Statue seiner galatischen Mutter wurde im Heraheiligtum neben die der Göttin und des Königs Attalos II. gestellt. Dies war wie im Fall des Diodoros Pasparos, der im Gymnasion neben Philetairos stand, eine gezielte Anknüpfung an die glorreiche Königszeit, deren positive Tradition man nun in der neuen Elite weitergeführt sah. Offenbar profitierte die Stadt weiterhin von der Politik Caesars, denn kurze Zeit später wurde auch der neue Statthalter der Provinz Publius Servilius Isauricus mit einem Standbild in der Stadt geehrt, da er die alten Gesetze und die *demokratia* in Pergamon wiederhergestellt habe.

Diese Zeit der «Wohltäter» und «Retter» war jäh zu Ende, als Caesar 44 v. Chr. ermordet wurde. Die Caesarmörder flüchteten nämlich ausgerechnet in den Osten. Die kleinasiatischen Städte hatten nun Hunderte von Tonnen Silbergeld aufzubringen, um die Bürgerkriegsheere zu bezahlen. Pergamon allein zahlte Brutus mehr als 40 Tonnen Silber. Als 42 v. Chr. Cassius und Brutus von dem jungen Octavian, dem späteren Kaiser Augustus, sowie den Triumvirn Marcus Antonius und Marcus Lepidus besiegt wurden, mag man kurz Hoffnung geschöpft haben. Doch in den folgenden Jahren flammte zwischen den Siegern sogleich neue Rivalität auf: Der Konflikt zwischen Marcus Antonius und Octavian sollte, glaubt man der antiken Überlieferung, für Pergamon besonders bittere Folgen haben.

Marcus Antonius war nämlich nach kurzem Aufenthalt in der Provinz Asia noch 41 v. Chr. nach Osten gereist, wo in der Stadt Tarsos seine Liaison mit der ägyptischen Königin Kleopatra begann, der er sogleich nach Alexandria folgte. Die von Octavian dominierte römische Propaganda und eine entsprechend gefärbte Geschichtsschreibung unterstellte die tollsten Exzesse, denen die beiden sich angeblich hingaben – orientalisierende Phantasien, die bis heute nachwirken. Folgenreich für Pergamon soll aber eine generöse Geste des Marcus Antonius gewesen sein: Im Jahr 47 v. Chr. hatte die Bibliothek von Alexandria im Zuge des Krieges zwischen Caesar und Pompeius bei einem Brand Schaden genommen, dessen Umfang sich heute nicht verläßlich bestimmen läßt. Zum Ausgleich hat Marcus Antonius Kleopatra und der Stadt Alexandria angeblich die Bibliothek Pergamons geschenkt, die zu diesem Zeitpunkt aus 200 000 Schriftrollen bestanden haben soll. Die in der Antike berühmte Konkurrenz der beiden Bibliotheken könnte nach dieser Überlieferung nun endgültig zugunsten Alexandrias entschieden worden sein. Doch es ist sehr fraglich, daß man in Pergamon mit einem mühsamen Neuaufbau der Buchbestände begonnen haben mußte. Ob sich Antonius nämlich angesichts seiner vielfältigen Aufgaben im Osten, tatsächlich die Zeit für die Realisierung der Bücherspende nahm, muß letztlich ebenso unsicher bleiben wie die angebliche Zahl der davon betroffenen Buchrollen.

Die römische Metropolis: Die neue Stadt Trajans (98–117 n. Chr.) und Hadrians (117–138 n. Chr.)

Mit der Herrschaft des Kaisers Augustus (27 v.–14 n. Chr.) begann ein neuer Abschnitt der Stadtgeschichte, in der auch neue Themen das pergamenische Selbstverständnis prägten und die lokale Politik bestimmten. In der nun folgenden langen Friedensperiode, in der die finanziellen Verpflichtungen durch grundlegende Reformen der Steuererhebung endlich erträglich und überschaubar wurden, begann eine neue Blütezeit. Handel und Wirtschaft florierten, so daß viele Städte, darunter auch Pergamon, sogar einen bisweilen ruinösen Wettbewerb um das schönste Stadtbild und den Erhalt kaiserlicher Zuwendung aufnehmen konnten.

Augustus selbst ordnete anläßlich einer Reise durch die Provinz Asia im Jahr 20 v. Chr. die Verhältnisse neu und machte sich offenbar ein eigenes Bild von der Situation. Überall begegnete man dem Kaiser mit unterwürfiger Verehrung und angesichts des von ihm herbeigeführten positiven Wandels zunehmend mit aufrichtiger Dankbarkeit. Er habe, so eine Inschrift der Hellenen in der Provinz Asia, ihrem «Dasein seine vollendetste Form» gegeben. Mit dem Prinzipat war die Gelegenheit gegeben, die neuen Herrscher Roms in der Tradition des hellenistischen Herrscherkultes zu verehren. Zuständig dafür waren zunächst die sogenannten Landtage (*koina*), in welche die Städte einmal im Jahr ihre Repräsentanten entsandten, um sich auszutauschen, Gesandtschaften an den Kaiser zu schicken und diesen kultisch zu verehren. Augustus hatte bereits 29 v. Chr. der Provinz gestattet, in Pergamon einen Tempel für Roma und Augustus zu bauen. Die Oberpriester, welche die zugehörigen Feste leiteten, sollten im Wechsel aus den verschiedenen Städten entsandt werden. Diese sogenannten Asiarchen bildeten mit der Zeit eine neue provinziale Oberschicht, aus der schließlich die ersten einheimischen Senatoren hervorgingen.

Der Tempel für Roma und Augustus konnte bisher in Pergamon nicht lokalisiert werden. Aufschlußreich ist aber die Wahl des Platzes, der für weitere Ehrungen des Augustus und seiner Gattin Livia gewählt wurde. Man entschied sich für die große Terrasse des Athenatempels auf der Oberburg. Auf die Rundbasis, die vorher die Athena Promachos getragen hatte, wurde nun eine Statue des Augustus gestellt, der somit beziehungsreich inmitten der Galateranatheme Attalos' I. stand. Nach seinem Erfolg gegen die Parther, die im Osten an die Stelle der Perser getreten waren, weihte er selbst der Athena Siegeszeichen und stellte sich damit explizit in die Tradition der Könige Pergamons.

Sieht man von den neuen Ehrenstatuen für Mitglieder des Kaiserhauses und die Statthalter ab, veränderte sich das pergamenische Stadtbild nicht grundlegend. Bereits in der 2. Hälfte des 1. Jh.s v. Chr. läßt sich eine allmähliche Erholung von überwundenen Nöten in der Stadt erkennen, die sich bis an das Ende der Regierungszeit des ersten Kaisers fortsetzte. Die Zahl der

Gymnasien wuchs von vier auf sechs, und an anderen Stellen der Stadt lassen sich Bemühungen erkennen, die Stadt zu verschönern. Allem Anschein nach konzentrierte man sich städtebaulich aber bis weit in das 1. Jh. n. Chr. darauf, optisch die alte Würde der Königszeit wiederherzustellen, was in Teilen der Stadt durchaus museale Formen angenommen haben mag. Während in anderen Städten wie Smyrna oder Ephesos neue Platzanlagen und Hallen entstanden, wurde in Pergamon vornehmlich die bestehende Ausstattung erneuert. In den Wohnvierteln hielt gleichwohl auch der Luxus Einzug, wie aufwendiger Stuck, Wandmalereien und kostbare Mosaiken zeigen. Als Bauherren im öffentlichen Raum traten hier lokale Aristokraten auf, im Gegensatz etwa zu Städten wie Ephesos, wo sich viele Italiker oder kaiserliche Freigelassene niederließen und das Stadtbild durch Bauten prägten. Die Familien der pergamenischen Aristokratie hatten schon im 1. Jh. v. Chr. die Geschicke der Stadt bestimmt. Sie verkörperten mithin eine traditionsreiche Elite in der Provinz.

Einen Anschluß an zeitgenössische Bautrends fand man jedoch auf den öffentlichen Plätzen der Stadt vorerst nicht. Dies mag auch an mangelndem Interesse der Kaiser des 1. Jh.s liegen, die sich lieber andernorts engagierten. Statt kaiserliche Protektion zu erhalten, mußte sich Pergamon sogar vehement dem Kunstraub unter Kaiser Nero (37–68 n. Chr.) widersetzen. Dieser ließ in den Städten des griechischen Ostens mit Hilfe seines Freigelassenen Acratus Kunstwerke für seinen neuen Kaiserpalast in Rom konfiszieren. Als die Delegation im für seine Kunstwerke berühmten Pergamon erschien, versuchten die Bürger sich deren Absichten gewaltsam zu widersetzen, wobei sie offenbar sogar die Unterstützung des Statthalters erfuhren. Anderen Berichten zufolge wurden dennoch Statuen und Gemälde in großer Zahl abtransportiert.

Trotz dieser unschönen Episode profitierte die Stadt wie angedeutet von der politisch-administrativen Sicherheit unter den ersten römischen Kaisern. Pergamon war einer der Gerichtsorte (*conventus*), in denen die Statthalter Asias Recht sprachen, was zwar angesichts der Entourage des Statthalters für die Stadt eine

Last, dank der vielen anreisenden Rechtsuchenden und ihrer Vergnügungssucht aber auch eine Einnahmequelle war. Insbesondere die Kaiser der flavischen Dynastie (69–96 n. Chr.), die eine umsichtige Verwaltungspolitik mit der Verleihung von Privilegien verbanden, fanden ehrende Anerkennung in der Stadt. Zur Zeit des Kaisers Domitian (81–96 n. Chr.) wurde das Asklepiosheiligtum, das seit der Zerstörung im 1. Jh. v. Chr. teilweise in Schutt lag, neu belebt und entwickelte sich allmählich zu einem berühmten Kurort. Kaiser Domitian selbst hatte vielleicht besonderes Interesse an der Stadt, da einer seiner Freigelassenen und Günstlinge am Hofe aus Pergamon stammte.

Jedenfalls begann unter der flavischen Dynastie für prominente Bürger der Stadt eine neue Ära, denn erstmals stiegen Pergamener in Spitzenpositionen der Reichsverwaltung auf. Dies war eine wichtige Voraussetzung dafür, daß die urbane Stagnation gegen Ende des 1. Jh.s n. Chr. überwunden werden konnte. Mit Trajan (98–117 n. Chr.) bestieg zudem ein Mann den Kaiserthron, der sich in hohem Maße um Pergamon verdient machen sollte. Unter diesem Kaiser und seinem Nachfolger Hadrian (117–138 n. Chr.) entstand das römische Pergamon, das alsbald das Gesicht einer neu konzipierten Großstadt römischen Zuschnitts erhalten und seit 123 n. Chr. den Titel Metropolis tragen sollte.

Lokaler Initiator dieses Baubooms und des ungeheuren Aufschwungs war ein Bürger Pergamons mit dem Namen Gaius Antius Aulus Iulius Quadratus. Er war Nachfahre einer Familie, die sich weitläufig auf galatische Stammesführer und attalidische Könige zurückführte und offenbar über immense Reichtümer verfügte. Unter Kaiser Vespasian (69–79 n. Chr.) war Quadratus in den Senat aufgenommen worden und hatte anschließend eine glänzende Karriere durchlaufen. Unter Trajan war er zum zweiten Mal Konsul und bekleidete prominente Statthalterschaften, darunter diejenige der Provinz Asia. In Pergamon war er Priester des Dionysos mit dem Beinamen Kathegemon, was einst in vorrömischer Zeit Vorrecht des Königshauses war. Man hat zu Recht hervorgehoben, daß die attalidische Tradition von Quadratus mit Bedacht eingesetzt wurde, um seine eigene Reputation zu betonen. Ähnlich wie Diodoros Pasparos muß Quadratus überall im Stadtbild mit Standbildern präsent gewesen sein, denn bisher sind in der Stadt mehr als vierzig (!) Ehreninschriften für diesen Mann gefunden worden.

Mit Gaius Iulius Quadratus Bassus gab es damals noch einen zweiten römischen Senator in der Stadt, der sich ebenfalls auf kleinasiatische Könige zurückführte. Zu Beginn des 2. Jh.s saßen neben den beiden genannten weitere acht Pergamener im römischen Senat, von denen mindestens fünf ebenfalls Konsuln wurden. Mit zehn Senatoren belegte Pergamon einen Spitzenplatz unter den Städten, besaß folglich eine überregional verehrte, entsprechend vernetzte und finanziell außerordentlich potente Führungsschicht. Ihre Nähe zum Kaiser und ihre erfolgreiche Karriere auf Reichsebene verbanden sie mit einem glühenden Lokalpatriotismus. Sie verwandelten die Stadt mit ihrem immensen Reichtum in eine einzige Baustelle. An vielen Gebäuden ließen sie sich als «Gründer» (*ktistes*) des von ihnen jeweils errichteten Bauwerks feiern. Aelius Aristides erhob Quadratus in einem Panegyricus gar zum Neugründer der ganzen Stadt. Er sei auf ein Zeichen des Gottes Asklepios in die wegen ihres Alters heruntergekommene Stadt gekommen, um sie wiederzubeleben. Er habe alles errichtet, was man neu erbaut oder ausgeschmückt sehen könne, Pergamon gleichsam neu geschaffen.

Und wieder war es das Gymnasion, in dem die bürgerliche Prominenz mit zahlreichen Statuen und Ehreninschriften besonders gefeiert wurde. Der traditionsreiche Bau wurde grundlegend renoviert und zeitgemäß mit Thermen und einem kleinen Theater, einem Odeion, ausgestattet. Die prominenten Bürger verpflichteten so zugleich die Söhne der Stadt auf ein ähnliches Engagement für die Gemeinschaft. Zentrum der Stadterneuerung, auf die wir später noch einmal zurückkommen werden, und weithin sichtbares Zeichen kaiserlicher Zuwendung war aber zweifellos der neue Tempel, der zu Ehren Trajans und des Zeus Philios errichtet wurde. Pergamon erhielt damals nach demjenigen für Roma und Augustus als erste Stadt Kleinasiens einen zweiten Tempel für den Kaiserkult. Mit ungeheurem Aufwand wurde südwestlich unterhalb der Königspaläste eine Substruktion für eine Terrasse an den Burgberg angesetzt, die fortan den weithin sichtbaren, heute Trajaneum genannten Tempel trug. Pergamon bezeichnete sich in Inschriften und auf Münzen nun stolz als «Metropolis Asias und erste Stadt mit zwei Neokorien» (zweimalige Tempelpflegerin der Kaiser). Aulus Iulius Quadratus übernahm die Kosten für die zu Ehren des Kaisers künftig regelmäßig zu feiernden Feste (*Traianeia Deiphileia*) und wurde von Trajan sogar als «Freund» (*amicus*) bezeichnet, womit eine besondere Nähe zum Kaiser angedeutet wurde. Zahlreiche Statuen des Senators schmückten den neuen Tempelbezirk, dessen Umgebung bis in die Regierungszeit Hadrians hinein mit Marmor und neuen Gebäuden weiter verschönert wurde.

Eine ganze Generation konnte die Fertigstellung des Baus verfolgen. Das galt auch für die Neuanlage der römischen Unterstadt mit ihren Bauten, an denen bis in die Zeit des Antoninus Pius (138–161 n.Chr.) und darüber hinaus gearbeitet wurde. Unter Kaiser Hadrian stand Pergamon wie ganz Kleinasien in voller Blüte und erreichte erstmals wieder ein Bauvolumen wie in attalidischer Zeit. Insbesondere das Asklepiosheiligtum entwickelte sich zum überregional bekannten und viel besuchten Hauptheiligtum des Heilgottes. Der Kaiser selbst wurde dort im weiteren als «der präsenteste der Götter, als neuer Asklepios» verehrt, was die Anziehungskraft des Tempels gesteigert haben mag. Am Ende der Regierungszeit Hadrians starteten die Pergamener daher eine denkwürdige Initiative. Im letzten Lebensjahr des Kaisers bat eine Delegation prominenter Pergamener in Rom darum, Hadrian möge ihnen einen dritten provinzialen Tempel für den Kaiserkult gewähren. Hintergrund dürfte gewesen sein, daß die Konkurrentinnen um höchste städtische Ehren, Smyrna und Ephesos, jeweils ihre zweiten Kaisertempel von ihm erhalten, also mit Pergamon gleichgezogen hatten. Der bereits kranke Kaiser lehnte jedoch im Dezember 137 n. Chr. die Bitte harsch ab. Er verwies auf die beiden vorhandenen Tempel «von herausragender Monumentalität und außerordentlichem Renommee» sowie die damit verbundenen Wettkämpfe und Zollbefreiungen. Auch schien die Finanzierung zweifelhaft, weshalb er den letztlich ruinösen Wettbewerb unterband. Immerhin gestattete er die kultische Verehrung seiner Person, zu deren Zweck ein Kultbild Hadrians in den Trajanstempel gestellt werden durfte.

Pergamon, Smyrna und Ephesos stritten auch unter Antoninus Pius weiter um den Titel «Erste Stadt Asias», wobei sich Pergamon hinter Ephesos mit dem zweiten Platz zufriedengeben mußte. Zweifellos war die Stadt, die nun mehrere Zehntausend Einwohner hatte, auf dem urbanistischen Höhepunkt ihrer Entwicklung angelangt. Eine reiche Führungsschicht, Vertreter der Reichsaristokratie unter den Bürgern und die provinziale Elite investierten in die prosperierende Stadt. Zu ihr gehörten auch Männer wie Aulus Claudius Charax, Cuspius Pactumeius Rufinus und andere, die insbesondere dank ihrer intellektuellen Fähigkeiten und Gelehrsamkeit Kontakte bis zum Kaiserhof hatten und wegen ihrer Verdienste in der Stadt als Heroen verehrt wurden. Sie trugen maßgeblich dazu bei, daß sich Pergamon in der Zeit der sogenannten Zweiten Sophistik erneut zu einem kulturellen Zentrum entwickelte. Für diese geistige Strömung, in der an die literarischen und rhetorischen Traditionen des klassischen Griechenlands angeknüpft wurde, war die Stadt mit ihrem Asklepiosheiligtum ein idealer Ort. Ein prominenter Vertreter war Aelius Aristides, der in Pergamon den Kurbetrieb besuchte und sich zwei Jahre dort aufhielt. In seinen zahlreichen erhaltenen Reden finden sich viele nützliche Informationen über Pergamon, den Asklepioskult und das kulturelle Leben der Zeit, das durch solche gebildeten Hypochonder maßgeblich geprägt wurde. Er wird uns noch wiederbegegnen.

In der zweiten Hälfte des 2. Jh.s ging die Bautätigkeit in der Stadt wahrnehmbar zurück und kam von Instandsetzungen abgesehen allmählich zum Stillstand. Auf Kosten neuer Bauvorhaben nahmen indes Spiel- und Feststiftungen zu, und auch die immer beliebteren Gladiatorenkämpfe und Tierhatzen hielten in der Stadt Einzug. In dieser Zeit wurde es an den Grenzen unruhig, wobei Kleinasien vor allem die Angriffe im Osten zu spüren bekam, nicht zuletzt da zurückflutende Truppen in den sechziger Jahren des 2. Jh.s n. Chr. die Pest einschleppten. Einen Höhepunkt für die Stadt stellte noch einmal der Besuch Kaiser

Caracallas (198–217 n. Chr.) dar, der Pergamon erlaubte, einen dritten Tempel für den Kaiserkult zu errichten. Als der folgende Kaiser Macrinus (217–18 n. Chr.) diese Ehre auf Drängen von Ephesos wieder entzog, formulierten die Pergamener, wie es der Geschichtsschreiber Cassius Dio ausdrückte, «eine Menge ganz ungewöhnlicher Beleidigungen» und wurden darauf geächtet, was wegen der kurzen Regierungszeit des Macrinus allerdings folgenlos blieb.

Nun begann freilich eine Zeit ständig wechselnder Kaiser, zu denen Städte wie Pergamon keinen zuträglichen Kontakt mehr fanden. Die allgemeine Reichskrise, die durch ständige Usurpationen, Kriege, Barbareneinfälle und wirtschaftlichen Niedergang samt Inflation gekennzeichnet war, ging auch an Pergamon nicht spurlos vorüber. Hinzu kam eine Veränderung im religiösen Bereich, zu der das Aufkommen neuer Erlösungsreligionen, die Christianisierung und als Reaktion darauf die von den Kaisern betriebene Förderung altrömischer Kulte gehörten. All dies schwächte die griechischen Götter. Diese Entwicklung traf Pergamon schwer, da hiermit der Niedergang des Asklepieions verbunden war, womit eine elementare pergamenische Einrichtung verblaßte. Auch für die Überlegung, daß der Niedergang des römischen Kaisertums den hohen Symbolwert des Burgbergs mit seinem grandiosen Kaiserkulttempel auflöste und Pergamon als Stadt damit gewissermaßen ideell kopflos wurde, spricht einiges.

Niedergang in Spätantike und byzantinischer Zeit

Schon in der Kaiserzeit muß die Stadt neben der älteren jüdischen schon lange eine christliche Gemeinde beherbergt haben, denn in der Zeit der ersten Christenverfolgungen im 1. Jh. und gegen Ende des 2. Jh.s hören wir von Märtyrern in Pergamon. Ein gewisser Antipas und ein Attalos werden als hingerichtete Christen erwähnt. Die im späten 1. Jh. n. Chr. formulierte Behauptung des Apokalyptikers Johannes, in Pergamon befinde sich der Thron Satans (gemeint war der große Pergamonaltar), kann ebenfalls als Beleg für die Anwesenheit von Christen gesehen werden, die sich durch die Dominanz paganer Religionen bedroht sahen. Nachdem unter den Kaisern Diokletian (284–305 n. Chr.) und Konstantin (306–337 n. Chr.) das Reich neu geordnet worden war und letzterer das Christentum zugelassen hatte, blieb Pergamon Metropolis der nun verkleinerten Provinz und wurde wie alle Städte Bischofssitz. Zu dieser Zeit dürften die Christen in der Stadt aber in der Minderheit gewesen sein.

Die Quellenlage zur spätantiken Stadt ist äußerst spärlich, diejenige über das byzantinische Pergamon noch nicht komplett erschlossen. Einige Schlaglichter auf die Entwicklung der Stadt in dieser Epoche sollen hier daher genügen: In der Spätantike, sicherlich vor dem 5. Jh. n. Chr., wurde das Stadtgebiet verkleinert und eine Burgbefestigung, die nur die philetairische Stadt einschloß, errichtet. In das 5. Jh. datieren zwei größere Kirchenbauten auf dem Burgberg und am Fuße desselben, wo ein neuer Siedlungsschwerpunkt entstanden zu sein scheint. Noch in der Mitte des 6. Jh.s waren offenbar die paganen Kulte sehr lebendig, denn Kaiser Justinian entsandte Johannes von Ephesos nach Asia um die letzten Reste heidnischer Religion zu beseitigen. Nach einer Pestepidemie 542 und dem allgemein zu verzeichnenden Niedergang frühbyzantinischer Städte, der an Pergamon nicht spurlos vorbeiging, folgte seit dem Jahr 672, als markanter Einschnitt im Stadtbild gut sichtbar, die Bedrohung durch die Araber. Hastig wurde im oberen Burgbereich eine Fluchtburg (*kastron*) errichtet, in deren Mauern auch der große Altar verbaut wurde, dessen Reliefs Humann im 19. Jh. dort wiederfand. Dennoch wurde Pergamon bei einem erneuten Araberangriff 715 erobert und gebrandschatzt. Die Bevölkerung wurde getötet oder verschleppt. Für rund zweihundert Jahre blieb die Stadt nun weitgehend unbewohnt, zumal bereits 737 die Araber ins westliche Kleinasien zurückgekehrt waren.

Erst die Abwehr der Araber durch Kaiser Leon III. (717–747) ermöglichte eine Neubesiedlung der von ihnen verwüsteten Landstriche, aber frühestens seit dem ausgehenden 9. Jh. entstand auf dem Stadtgebiet des alten Pergamon erneut eine Siedlung, die aber im wesentlichen nur ein kleiner Militärposten war. Gut hundert Jahre später fielen die türkischen Seldschuken in

Anatolien ein. Nach Angriffen in den Jahren 1109 und 1113 wurde die Stadt von Kaiser Manuel Komnenos (1143–1180) mit einer neuen Mauer versehen, da in der Landschaft ansonsten nur unbefestigte Siedlungen existierten. Innerhalb der Befestigung wurden Häuser und Werkstätten gebaut, kleinstädtisches Leben kehrte zurück. Zur Zeit der Kaiser Theodoros I. Laskaris (1204–1222) und Johannes III. Vatatzès (1222–1254) wurden in der Region Festungen ausgebaut, Kirchen und Klöster entstanden, die Kirche am Theater wurde reich ausgestattet. Pergamon wurde nun gar unter Kaiser Michael VIII. (1259–1282) Metropolis, Hauptbischofssitz der Diözese Asia. Am Südhang entstanden viele neue Wohnhäuser und Handwerksbetriebe. Aus dieser Zeit stammt eine der Kirchen auf dem Burgberg sowie eine erste von Bewunderung geprägte Beschreibung der Ruinen, die dem Kaiser Theodoros II. Laskaris (1254–1258) zu verdanken ist. Ein heftiges Erdbeben im Jahr 1296 richtete erhebliche Schäden an, die nur notdürftig repariert wurden. Kurz nach 1302 wurde die Stadt endgültig von den Türken erobert, scheint aber, nach den Grabungsbefunden zu urteilen, weiterhin bewohnt gewesen und als Fluchtburg für die ländliche Bevölkerung genutzt worden zu sein. Um 1330 war die Burg freilich nurmehr eine Ruine und das zuvor florierende, aber bescheidene byzantinische Städtchen weitgehend verlassen. Die Siedlung, die im weiteren allenfalls dorfartigen Charakter hatte, ging darauf im wenig später entstehenden Osmanischen Reich auf. Die Bewohner zogen um 1400 in die Ebene, wo islamische Neubauten aus dieser Zeit nachweisbar sind, und nannten ihr Städtchen in Anklang an die alte antike Metropole Bergama.

II. Kultur und Archäologie

Pergamon entsteht neu: Eine kurze Grabungsgeschichte

In Bergama wohnte beinahe 500 Jahre später der eingangs vorgestellte Carl Humann, mit dem Grabungsgeschichte und wissenschaftliche Wiedergeburt der Stadt begann und mit dem wir an den Ausgangspunkt des historischen Überblicks zurückkehren. Hinter ihm stand als Fachmann und engagierter Museumsleiter Alexander Conze, ein ausgezeichneter Wissenschaftler und energischer Kulturpolitiker. Conze setzte zudem Standards in Grabungstechnik und wissenschaftlicher Zielsetzung. Im Gegensatz zu der in dieser Zeit verbreiteten Schatzgräberei setzte er darauf, «das Ganze» zu erforschen und antike Städte als urbanen Organismus auch in diachroner Perspektive zu verstehen. Ihm ging es darum, «das topographisch-monumentale Bild der Stadt in den verschiedenen Phasen ihres Bestehens … herauszuarbeiten». In der von ihm maßgeblich geleiteten ersten Ausgrabungsphase wurde daher nicht allein der Altar mit seinem Skulpturenschmuck, sondern der gesamte obere Burgberg ergraben, wobei die neuen Regeln der Grabungstechnik strikt eingehalten wurden. Trotz vielfältiger anderer Initiativen und Verpflichtungen blieb Conze der Stadt Pergamon, die seinen frühen Ruhm mitbegründet hatte, auch nach dem Ende der ersten Grabung im Jahr 1886 treu. So arbeitete er intensiv an den ersten Bänden der neuen Publikationsreihe, in welcher die Grabungen veröffentlicht werden sollte, den *Altertümern von Pergamon.* Im Jahr 1897 hielt er in Berlin einen Vortrag mit dem Titel *pro Pergamo*, in dem er sich vehement für eine Fortsetzung der Grabung einsetzte und zugleich nochmals verdeutlichte, daß eine antike Stadt nur als komplettes urbanes Ensemble mit allen seinen Bestandteilen zu verstehen sei.

1901 konnte Conze Mittel für eine Wiederaufnahme der

Ausgrabung bereitstellen und Wilhelm Dörpfeld (1853–1940) überzeugen, die Unternehmung zu leiten. Dörpfeld trat ebenfalls für wissenschaftlich ausgerichtete Grabungstechniken ein, zu denen die sogenannte Schichtengrabung gehörte. Dabei werden die unterschiedlichen Altersstufen des Ergrabenen sorgfältig voneinander getrennt – eine Technik, die Dörpfeld in Troia bereits entwickelt und erprobt hatte. Im Sinne Conzes wurden bis 1911 die Grabungsareale vor allem unterhalb des oberen Burgbereichs erweitert. Dörpfeld regte zudem Forschungen im Umland der Stadt an, denen wir wertvolle Informationen über heute weitgehend zerstörte Ruinen verdanken. Er bereitete zudem die museale Präsentation der Funde in Bergama selbst vor.

Ihm folgte Theodor Wiegand (1864–1936), eine ähnlich beeindruckende und vielseitige Persönlichkeit. Auf ihn geht maßgeblich der Bau des heutigen Pergamonmuseums in Berlin zurück, für dessen in der Berliner Öffentlichkeit sehr umstrittene Konzeption er engagiert eintrat und die er schließlich mit Hilfe Wilhelms II. durchsetzte. Wegen des Ersten Weltkrieges und der anschließenden Wirtschaftskrise konnte Wiegand, der seit 1895 wichtige Erfahrungen in der westkleinasiatischen Stadt Priene gesammelt hatte, die Pergamongrabung erst 1927 wieder aufnehmen. Dort konzentrierte er sich auf das Stadtgebiet, wobei ihm bereits sein Nachfolger Erich Boehringer (1897–1971) zur Seite stand. Wiegand konnte dank seiner glänzenden Beziehungen zu Industrie und Hochfinanz, die ihm durch seine Einheirat in die Familie von Siemens zugewachsen waren, die nötigen Geldmittel einwerben. Treibende Kraft war von Beginn an wegen der häufigen Abwesenheit Wiegands freilich Erich Boehringer, der auch das vor der Stadt gelegene Asklepieion erforschte.

Bis 1936 leitete Wiegand die Grabungen, die nach dem Zweiten Weltkrieg in die Hände Boehringers übergingen. Allerdings wurden die Forschungen im Stadtgebiet erst wieder 1957 aufgenommen. Neben der Freilegung neuer Monumente in der Stadt, der vergeblichen Suche nach dem Athena-Nikephorosheiligtum und Arbeiten im Asklepieion konzentrierte sich Boehringer bis 1968 auf Konservierung und Präsentation des Stadtgebietes für die steigende Zahl von Besuchern. Auch die Suche nach prähistorischen Siedlungsplätzen wurde von ihm intensiviert. Im Jahr 1967 veranlaßte er, daß die sterblichen Überreste Carl Humanns von Izmir nach Bergama überführt wurden. Boehringer ließ sie unterhalb des großen Altars auf der Oberen Agora bestatten und ehrte damit den Entdecker des Altars nach antikem Muster als neuen Gründerheros Pergamons.

Mit Wolfgang Radt (geb. 1940), der die Grabung 1972 übernahm, wurde die Tradition, das städtische Gesamtbild zu erforschen, nahtlos fortgesetzt. Ergebnisse einer ausgedehnten Grabung in der Wohnstadt belegen eindrucksvoll die Vielfalt der urbanen Strukturen und die Verflechtung öffentlicher und privater Bereiche. Bemerkenswert ist die Sorgfalt, mit der dabei auch die byzantinische Besiedlung erforscht und dokumentiert wurde. Neben vielen weiteren archäologischen Forschungen in der Stadt wie im ländlichen Bereich, bei denen etwa die Befestigung oder die Wasserleitungen erkundet wurden, wurden unter Radt auch die spektakuläre Teilrekonstruktion des Trajaneums sowie die Errichtung eines Schutzgebäudes über ein großes, reich ausgestattetes Peristylhaus durchgeführt.

Auch sein Nachfolger Felix Pirson (geb. 1968), der Radt als Erstem Direktor der Abteilung Istanbul des Deutschen Archäologischen Instituts folgte und die Grabung im Jahr 2006 übernahm, orientiert sich am Ansatz seiner Vorgänger, den gesamten städtischen Zusammenhang zu erforschen. Insbesondere die Frage, wie der städtische Raum durch Straßen und Gebäudeensembles gegliedert war, steht bis heute im Vordergrund. Anhand ausgewählter Monumente soll zudem die Neuanlage der Stadt durch Eumenes II. näher untersucht werden. Erstmals wird das gesamte Stadtgebiet in einem digitalen Stadtplan erfaßt. Ein weiterer wichtiger Akzent liegt auf der Erforschung des pergamenischen Umlands. Hier stehen der Hafen Elaia und das Kaikostal mit seiner vielfältigen Siedlungsstruktur im Vordergrund. Nach aktuellen Standards werden dabei naturwissenschaftliche Methoden und neue Erkundungsverfahren eingesetzt, die laufend fortentwickelt werden.

Die Grabungsgeschichte zeigt, daß archäologische Forschung

sich stetig weiterentwickelt. Was sie bisher in Pergamon erschlossen hat, wird uns im folgenden beschäftigen.

Die Oberburg: Paläste der Herrscher und Arsenale

Der Burgberg von Pergamon gliedert sich in eine flache Kuppe, die im Norden steil abfällt, und in einen nach Süden und Westen hin leichter abfallenden Hang. Die auf diesem Berg errichtete antike Stadt Pergamon hat eine komplexe Geschichte, die von der Entstehung der Siedlung auf dem Burgberg in prähistorischer Zeit bis zur Blüte einer weit in die Ebene gebauten römischen Großstadt reicht. Im Zuge der stetigen Erweiterung erfuhr die Stadt vielfach bauliche Veränderungen und verwandelte ihr Gesicht. Über viele Jahrhunderte hinweg wurden veraltete Gebäude abgerissen und neue errichtet. Auf diese Weise entstanden zahllose Siedlungsschichten, die oft unmittelbar übereinander liegen, Älteres verdecken, bisweilen aber auch komplett ersetzt haben. Entsprechend anspruchsvoll ist es für die Archäologen, die einzelnen Phasen exakt zu erkennen, zu trennen und die Stadtgeschichte in allen Einzelheiten zu rekonstruieren. Architektur und datierbare Funde aller Art sind dabei einzubeziehen. Ein großes Team unterschiedlicher Spezialisten muß demnach zusammenarbeiten und sich kontinuierlich austauschen.

Die Spuren aus den Anfangszeiten der Stadt sind bescheiden. Die früheste Siedlung auf dem Berg entstand im 2. Jahrtausend v. Chr. Von ihren Bewohnern ist vor allem Keramik, vielleicht auch ein bislang isoliertes und nur wenige Meter langes Stück einer Befestigung erhalten. Insbesondere Überreste der archaischen und klassischen Zeit (7.–4. Jh. v. Chr.) dokumentieren eine bereits über die Spitze des Burgberges hinausreichende, von einer Befestigung umschlossene Siedlung. Unterhalb der eigentlichen Oberburg, die gesondert gesichert und durch ein Tor zu betreten war, gab es am südlichen Hang eine ausgedehnte Wohnsiedlung. Einzelne Mauerreste könnten darauf hindeuten, daß diese durch eine ungefähr auf der Linie der späteren, sogenannten philetairischen Mauer verlaufende Stadtmauer geschützt war.

Abgesehen von Keramikscherben und Dachziegeln hat sich von der Innenbebauung dieser archaischen Siedlung aber nichts erhalten. Gleiches gilt für den oberen Burgbereich, von dessen Aussehen in dieser Zeit wir keine klare Vorstellung haben. Versuche, Xenophons Bericht zur Dynastie um Gongylos (um 400 v. Chr.) mit Bauspuren zu verknüpfen und einen Palast zu lokalisieren, schlugen fehl. Spätestens seit dem 3. Jh. v. Chr. befand sich auf der Oberburg aber die Residenz der Könige mit ihren Palästen. Sie krönten gleichsam das darunter liegende Stadtgebiet und dürften weithin sichtbar gewesen sein. Ihre vermutlich repräsentativ ausgestaltete Front läßt sich heute nicht mehr rekonstruieren. Das später vor den Palästen errichtete Trajaneum hat mit seinen dahinter liegenden Bauten Teile des ehemaligen Palastareals verdeckt.

Aufgrund des äußerst komplizierten Grabungsbefundes, der auf den sehr schlechten Erhaltungszustand der Bauten auf der Oberburg zurückzuführen ist, müssen wir uns hier auf das Wesentliche konzentrieren: Die bei den Grabungen aufgedeckten Bauten und Mauerzüge wurden von den Ausgräbern von Nord nach Süd in sechs Baugruppen (I bis VI) eingeteilt. Während es sich bei den beiden nördlichen Baugruppen vermutlich um Reste von Wohngebäuden, Kasernen und Anlagen für die Wasserversorgung der Stadt handelt, werden die drei weiter südlich gelegenen Komplexe für Paläste gehalten. Unsicher bleibt dies bei Komplex III, der am schlechtesten erhalten ist, dessen Grundriß aber partiell mit Residenzen in anderen Orten verglichen werden kann.

Man muß sich angesichts der bescheidenen Ausmaße des Gebäudes vor Augen führen, daß viele der bekannten hellenistischen Paläste nicht das Format jener luxuriösen Residenzen erreichten, die sich die Könige in Alexandria oder gar die Kaiser in Rom leisten konnten. Palastbauten von Kleinkönigen und Lokaldynasten ähnelten eher sehr reich ausgeschmückten Wohnhäusern. Dies gilt auch für die beiden Paläste Pergamons, die sich im Süden der Baugruppe III anschlossen. Sie sind zwar wegen der späteren Überbauungen und des Steinraubs für das byzantinische Kastron ebenfalls schlecht, von allen Bauten die-

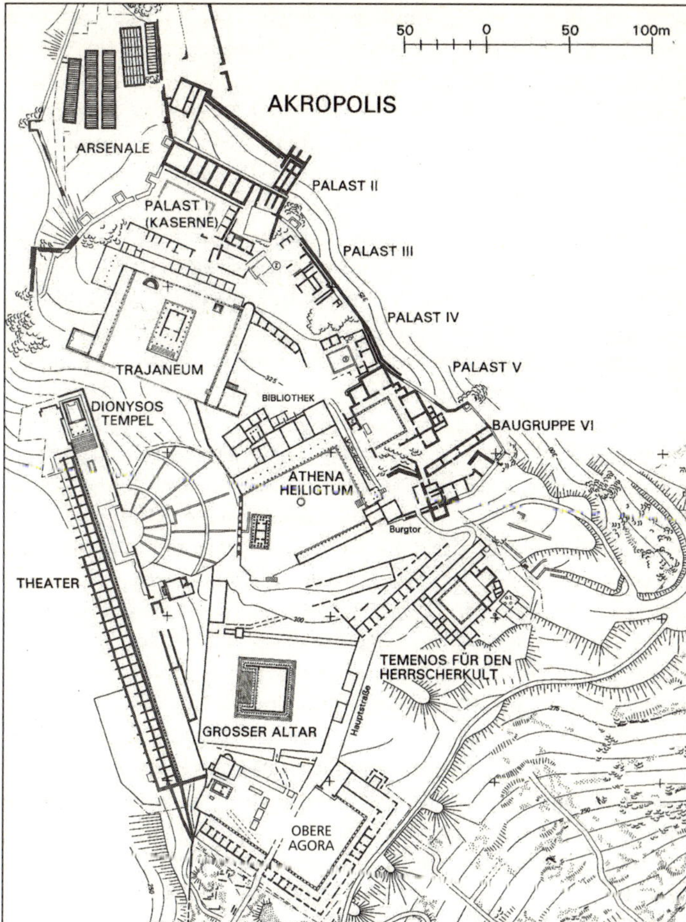

Abb. 5: Die Oberburg von Pergamon

ser Gruppe aber immer noch am besten erhalten und gewähren zumindest einen kleinen Einblick in ihre ehemals kostspielige Ausstattung.

Es handelt sich um zwei Peristylhäuser, folglich luxuriöse Gebäude, deren Räume um einen rechteckigen, von Säulen gesäumten Innenhof angeordnet waren. Der nördliche der beiden Paläste (IV) hatte eine Grundfläche von rund 1050 m^2 und besaß vielleicht ein zweites Geschoß. Die Räume im Erdgeschoß zeigten aufwendig farbig bemalten und verzierten Wandstuck. Sie dienten etwa als Hausheiligtum oder Gelageraum und hatten Mosaikfußböden.

Noch luxuriöser war der südlich benachbarte Palast V ausgestattet, der mit einer Grundfläche von 2410 m^2 mehr als doppelt so groß und sicher jünger war als der nördliche Palast. Ebenfalls als Peristylhaus angelegt, besaß er neben einem mit Säulen geschmückten Hof auf drei Seiten Räume und ein Obergeschoß. Von der reichen Ausstattung sind neben Marmoreinbauten besonders hochwertige Mosaiken zutage gekommen. Sie zeigen Theatermasken, Girlanden und verschiedene Tiere, von denen sich unter anderem ein schöner Vogel erhalten hat. Die Theatermasken hat man mit dem Gott Dionysos, der in der Antike mit dem Theater assoziiert war, in Verbindung gebracht. Da die attalidische Familie exklusiv den Kult des Dionysos Kathegemon ausübte, wäre es denkbar, darin einen Bezug zum Dynastiegott oder zu einem Hauskult zu erkennen. Aussagekräftig ist freilich die Qualität der Mosaiken. Im sogenannten Bankettsaal fand sich ein Mosaik, dessen Technik in der hellenistischen Zeit kaum Vergleichbares findet. Von ihm sind Teile im Pergamonmuseum in Berlin zu sehen. Die winzigen Mosaiksteine sind von einer leuchtenden Farbigkeit, die ihresgleichen sucht. Entsprechend reich war die übrige Ausstattung. Zu den ausgegrabenen Resten von Marmorverzierungen und farbigem Stuck muß man sich Teppiche, Wandgemälde und andere Schmuckelemente aus vergänglichem Material vorstellen. Gleiches gilt für das Mobiliar und den exzellenten Statuenschmuck, der den Räumen einen einzigartigen Glanz verliehen haben dürfte.

Angesichts all dieser Hinweise auf herrscherlichen Luxus ist es reizvoll, sich hier die attalidische Königsfamilie im Alltag und bei festlichen wie politischen Empfängen vorzustellen. Doch welcher der Könige residierte hier? Die Datierung der gefundenen Schmuckelemente ist sehr umstritten, da einzelne Elemente so oder ähnlich über längere Zeiträume in Gebrauch waren. Demgemäß reichen die Datierungen vom 2. sogar bis in das 1. Jh. v. Chr., also bis in die nachattalidische Zeit. Bereits bei der Ausgrabung des Palastes hat man gleichwohl bemerkt, daß in seinen Mauern Bausteine vom großen Altar verbaut worden sind, die man offenbar für diesen nicht mehr benötigte. Der von Eumenes II. gebaute Altar war demnach weitgehend oder vollständig fertig, als bald darauf mit dem Rohbau des Palastes begonnen wurde. Daraus darf man schließen, daß er wohl noch von Eumenes II. und seiner Familie, sicherlich aber von seinen Nachfolgern Attalos II. und Attalos III. genutzt wurde.

Abgesehen von der königlichen Pracht dieser Residenz starrte die Oberburg von Waffen. An mehreren Stellen des Burgberges, und zwar an der am besten gesicherten Kuppe des Berges, wurden seit Philetairos Arsenale von zum Teil beachtlicher Größe errichtet. In mindestens fünf Hallen, die jeweils eine Länge von 40 bis 50 m hatten, sowie in weiteren kleineren Gebäuden wurden vor allem Getreide, aber auch Steinkugeln für Katapulte, Schleuderbleie, Pfeile und anderes mehr in großen Mengen gelagert. Auch Zisternen wurden angelegt, um im Falle einer Belagerung versorgungstechnisch gerüstet zu sein. Ein wichtiges Ziel des Astynomengesetzes, das wir bereits kennengelernt haben, war die Instandhaltung und Säuberung der Zisternen im Stadtgebiet. Sie waren in einer solchen militärischen Zwangslage überlebenswichtig.

Immer wieder sind wir in hellenistischer Zeit Königen und Usurpatoren begegnet, die marodierend und plündernd bis an die Stadtmauern vordringen konnten. Daß sie nie die Stadt selbst angegriffen haben, mag der gerade beschriebenen Vorsorge zu verdanken sein. Das für die Oberburg charakteristische Nebeneinander von Residenz und Waffen- sowie Vorratslagern läßt die Attaliden nicht nur in herrscherlichem Glanz erscheinen, sondern zugleich als fürsorgliche und militärisch durchsetzungsstarke Könige. Der kaiserzeitliche Bau des Trajaneums und die damit einhergehende komplette Umgestaltung des oberen Burgbergs ersetzte diese Form königlicher Selbstdarstellung im frühen 2. Jh. n. Chr. vollkommen. Die ursprüngliche Funktion der Bergkuppe als Monument lokaler Identität, die auch nach dem Ende der Könige von den pergamenischen Bürgern offenbar noch eine Zeitlang aufrechterhalten wurde, konnte dann von anderen, auf Rom orientierten Repräsentationsformen abgelöst werden.

Der hellenistische Burgberg als urbanistisches Gesamtkunstwerk und die römische Großstadt

Der in mehreren Stufen abfallende Burgberg bot von Beginn an viel Platz für eine Ausdehnung der Stadt. Das Gefälle zwang freilich dazu, den Hang für die Errichtung größerer Bauten in Terrassen zu untergliedern. Auf diese Weise war die Oberburg angelegt und am Ende des 4. Jh.s v. Chr. das Athenaheiligtum ausgebaut worden. Philetairos erweiterte zu Beginn des 3. Jh.s v. Chr. südwestlich außer- und unterhalb der Ummauerung das Heiligtum für die Fruchtbarkeitsgöttin Demeter, wodurch ein weiteres, tiefer gelegenes Bauensemble entstand. Sein Nachfolger Attalos I. ließ unterhalb des Athenatempels eine große Markthalle errichten und legte auf einer weiteren Stufe hangabwärts ein Zeusheiligtum an.

Man kann sehr schön verfolgen, wie die Stadt allmählich in das Tal wuchs. Die Gebäude staffelten sich dabei in Stufen übereinander, wobei die Fassaden nicht gleich ausgerichtet waren und auf diese Weise einen bewegten Stadtprospekt entstehen ließen. Mit dieser Stadtentwicklung entsprach Pergamon vielen urbanen Zentren der Antike, die schon von den Zeitgenossen als gewachsene Städte bezeichnet wurden. Der Philosoph Aristoteles zählte zu diesen alten Orten die Stadt Athen, die aus vielen verwinkelten Gassen bestand, und beklagte ihre fehlende Modernität. Diese sei in Neugründungen, den sogenannten Planstädten, zu studieren, die ein regelmäßiges, schachbrettartig angelegtes Straßennetz und eine klare Trennung von öffentlichen und privaten Stadtvierteln besäßen. Die Zeitgenossen konnten diesen Stadttyp etwa in den griechischen Kolonien auf Sizilien, in Piräus, dem Hafen Athens, in Milet oder besonders sinnfällig in Alexandria besichtigen.

Viele Neugründungen der hellenistischen Herrscher waren solche Planstädte. Die attalidischen Könige konkurrierten demnach beim Ausbau ihrer Residenzstadt mit solchen zeitgemäßen Neugründungen. Sie mußten in Pergamon aber die topographischen Gegebenheiten und die seit mehr als zweihundert Jahren gewachsene und weiter bestehende Stadtanlage in ihre Planungen einbeziehen. Der von Eumenes II. begonnene und unter Attalos II. erfolgte Ausbau der Stadt führt eindrucksvoll vor Augen, daß Topographie, Repräsentationswillen und zeitgenössische Baustandards glänzend miteinander kombiniert werden konnten. Die von ihnen zu Beginn des 2. Jh.s v. Chr. erreichte politische Machtstellung und die Größe des pergamenischen Reiches spiegelten sich nach langer Bauzeit in einer dem herrscherlichen Rang adäquaten Residenz wider.

Unter Eumenes II. wurde das Stadtgebiet um mehr als das Vierfache erweitert und durch eine neue, mehrere Meter hohe Stadtmauer von ca. 4 km Länge gesichert, die mit vielen Toren, Türmen sowie Zinnen versehen war. Das Stadtareal reichte nun hinab bis in das Tal ans Flüßchen Selinus. Mit dieser erheblichen Ausdehnung der Befestigung ergab sich die Gelegenheit, außerhalb des von der philetairischen Mauer umschlossenen Areals an die zeitgenössische Stadtplanung anzuschließen. Die Wohnviertel wurden fortan planerisch rational angelegt und waren gleichmäßig in rechteckige Häuserblocks, die sogenannten *insulae*, unterteilt. Während man bei deren archäologischer Erforschung zunächst überall dasselbe einheitlich rechtwinklige Straßenmuster zu erkennen glaubte, haben jüngere Untersuchungen ergeben, daß die Stadtplaner sich flexible Lösungen offenhielten und die Geländebeschaffenheit bei der Festlegung der Straßenverläufe miteinbezogen. Insbesondere am Südosthang bildeten die hangabwärts laufenden Gassen einen Fächer, der die Geländesituation spiegelte. Auch die im Vergleich mit Planstädten bescheidene Größe der *insulae* von 35 x 45 m wurde mit

GEZ. VON R. BOHN
TRAIANEVM
IONISCHER TEMPEL
THEATER

Abb. 6: Rekonstruierte Stadtansicht des Architekten R. Bohn (1888)

Bedacht gewählt, da kleinere Parzellen sich hier besser dem Hangprofil anpassen ließen. Die Hauptgassen hatten mit ca. 4 m eine im Vergleich mit der oberen Stadt recht stattliche Breite. Man beabsichtigte offenbar einen großzügigen Ausbau der Wohnstadt, die im Osten freilich erst zwei Generationen nach Errichtung der neuen Stadtmauer klare Konturen annahm.

Diese Planung der neuen Stadtviertel wurde begleitet von einer beeindruckenden Monumentalisierung der öffentlichen Bauten. Sie steht für die andere Seite pergamenischer Stadtplanung, nämlich für eine intentionale Nutzung der Topographie, um eine weithin sichtbare, repräsentativ architektonisch gefaßte Landschaft entstehen zu lassen. Eumenes II. ließ zu diesem Zweck durch das Stadtgebiet eine neue Hauptstraße bauen. Sie begann im Südosten an einem großen Stadttor und verlief in einer großen Schlangenlinie bis hinauf in die Oberstadt. Der Besucher Pergamons wurde zunächst an einem Marktplatz (*agora*) vorbeigeführt, der von doppelstöckigen Säulenhallen gesäumt war, in denen Läden untergebracht waren. Diese sogenannte Untere Agora und die in den benachbarten Gassen gebauten Läden ersetzten einen von Attalos I. beim Athenatempel errichteten Marktbau, der einer Neugestaltung des Zentrums auf der Oberburg weichen mußte. Doch bevor man diesen Stadtteil erreichte, passierte man zunächst die mehr als 200 m lange Terrasse des neuen Gymnasions. Die Hauptstraße führte an diesem Bau entlang und in einer scharfen Linkskurve auf die nächsthöher gelegene Terrasse. Hier ging man vorbei an einem Heraheiligtum und durch ein Viertel, in dem sich Wohnhäuser und Geschäfte sowie Werkstätten abwechselten. Nach einer langen Rechtskurve erreichte man dann die Obere Agora, die Eumenes II. an den heiligen Bezirk (*temenos*) des von Attalos I. errichteten Zeusheiligtums gebaut hatte. Diese neue Platzanlage wurde repräsentativ und zeitgemäß durch Säulenhallen eingerahmt. Oberhalb dieser Agora entstand die Terrasse für den großen Altar. Seine Ausrichtung war bezogen auf die architektonischen Umbaumaßnahmen im darüber gelegenen Athenaheiligtum. Auch dieses wurde nun mit Säulenhallen und einer Bibliothek erweitert. Der Tempel, die westliche Terrassenmauer des

Heiligtums und der große Altar folgten der gleichen Ausrichtung, was der antike Besucher vielleicht wahrnehmen konnte. Westlich unterhalb des Athenatempels wurde an den Hang, der hier besonders steil ist, ein Theater gebaut. Auch wenn dort einst vielleicht ein Vorgängerbau gestanden haben mag, dürfte die ca. 250 m lange Theaterterrasse und der steil in den Hang gebaute Zuschauerraum in den heute sichtbaren Ausmaßen erst unter Eumenes II. in Auftrag gegeben worden sein. Die Anlage der Terrasse war eine architektonische Meisterleistung. Sie ruhte auf einem mehrgeschossigen Unterbau, der durch Strebepfeiler gesichert war, und trug an der Talseite auf ihrer gesamten Länge eine Säulenhalle.

Ruft man sich den ebenfalls von Eumenes II. begonnenen Palastbau auf der Oberburg in Erinnerung, dann wird deutlich, daß Pergamon im 2. Jh. v. Chr. eine Großbaustelle war. Am Ende der langen Bauzeit hatte die Stadt ein völlig neues Gesicht erhalten. Durch Hallen, Säulenarchitektur, Skulpturenschmuck und imposante, oft viele Meter hohe Stützterrassen, die in Quadermauerwerk ausgeführt ihre eigene Ästhetik besaßen, wurde der Burgberg in ein urbanes Gesamtkunstwerk verwandelt, das von einer beeindruckenden Befestigungsmauer umschlossen war. So entstand unter Eumenes II. und Attalos II. eine Residenzstadt, die fortan weithin für ihre Pracht gerühmt wurde. Die Könige standen, wie wir gesehen haben, in dieser Zeit zwar im Hinblick auf ihre politischen Handlungsoptionen im Schatten Roms. Die positive Kehrseite der begrenzten Spielräume und der zunehmenden Abhängigkeit waren allerdings ungeheure finanzielle Ressourcen. Abgesehen von den Tributen und Abgaben, die nun aus dem pergamenischen Reich in die Stadt flossen, muß Pergamon eine große Anziehungskraft für neue Bewohner gehabt haben. Sie füllten allmählich die Wohnviertel und belebten die neue Stadt.

Gleichzeitig wurden bereits unweit der eumenischen Mauer erste extraurbane Wohnhäuser auf einem kleinen Hügelzug, der heute Musala Mezarlık heißt, errichtet. Die Ausdehnung der Stadt weit in die Ebene des Kaikostales gehört jedoch, wie gesagt, in die hohe Kaiserzeit. Bereits unter Augustus wurde vermutlich am Fuß des Burgberges der neue Roma- und Augustustempel gebaut, was vielleicht schon mit einem verstärkten Ausbau einer Neustadt in der Ebene einherging. Während ansonsten aber im 1. Jh v. Chr. und im 1. Jh. n. Chr. viel Geld in die luxuriöse Ausstattung der Wohnhäuser investiert wurde, nahmen die Pergamener erst im frühen 2. Jh. n. Chr. die neuen Großprojekte in Angriff. Neben einem imposanten Heiligtum, auf das wir noch zurückkommen werden, wuchsen vermutlich auch in der Ebene neue Wohnviertel, über die wir wegen der modernen Überbauung freilich nichts sagen können. In Bergama sind aber heute noch die weitgehend verfallenen und schlecht erforschten Ruinen jener großen Vergnügungsstätten sichtbar, die für die römischen Großstädte Kleinasiens typisch waren. Neben einem neuen Theater entstanden an dem oben erwähnten Hügel ein Stadion für Wagen- und Pferderennen und sogar eines der in Kleinasien sehr seltenen Amphitheater für Gladiatorenkämpfe, die im griechischen Osten immer beliebter wurden. Alle diese Bauten stehen in rechten Winkeln zueinander, wurden also anscheinend in ein neues, für die Bebauung der Ebene entworfenes Straßenraster eingepaßt. Verschiedene andere Ruinen, die als Odeion, Thermen unterschiedlicher Größe und Gymnasion interpretiert wurden, lassen immerhin erahnen, mit welchem Aufwand in den neuen Stadtteilen eine zeittypische urbane Infrastruktur geschaffen wurde. Motor dieses einzigartigen Urbanisierungsschubes war jene Gruppe einflußreicher Pergamener, die seit den Tagen der flavischen Kaiser und vor allem unter Trajan und Hadrian Karriere gemacht hatte und uns bereits begegnet ist.

Zum repräsentativen Ausbau gehörte auch der Bau neuer Aquädukte, die erheblich zur Monumentalisierung des Stadtbildes wie des städtischen Umlandes beitrugen. Neben der Versorgung mit häuslichen Zisternen, die zu allen Zeiten die Grundversorgung sicherten und von denen bisher rund 150 im Stadtgebiet gefunden worden sind, hatten schon die Könige in hellenistischer Zeit Wasserleitungen anlegen lassen, die das kostbare Frischwasser aus den nördlich der Stadt gelegenen Bergen heranführten. Bereits Attalos I. hatte eine Leitung gebaut, die aber von den neuen Hochdruckleitungen Eumenes' II., von denen eine nicht weniger als 42 km maß und täglich mehrere tausend Kubikmeter Wasser auf den Burgberg führte, übertroffen wurde. Diese Wasserleitungen waren weitgehend unsichtbar, da die Druckleitungen unter der Erdoberfläche verliefen. Dies änderte sich in der Kaiserzeit und im Zuge des Ausbaus der Stadt in der Ebene. Neben der Errichtung kleinerer Leitungen aus dem nördlichen Gebirge wurde ein spektakuläres Bauvorhaben umgesetzt, mit dem Pergamon die stolze Zahl von elf Leitungen mit einem Gesamtvolumen von 30 000 Kubikmetern Wasser erreichen sollte, das täglich in die Stadt floß. Die Wasserleitung, die im 2. Jh. n. Chr. über 55 km durch das ebene Kaikostal gebaut wurde, benötigte in kleinen Senken und Tälern insgesamt vierzig Aquädukte, die den Niveauunterschied mit aufwendigen Bogenkonstruktionen überbrückten. Eines von ihnen nahe der Stadt war mit einer Länge von 500 m und einer Höhe von 40 m insgesamt größer als der berühmte Pont du Gard bei Nîmes. Diese Konstruktion hatte vor allem repräsentativen Charakter und gehört in den Kontext einer kaiserzeitlichen Monumentalisierung des Stadtbildes, die der Rhetor Aelius Aristides in einer Rede mit dem Titel «Panegyrikos auf das Wasser in Pergamon» pries. Die Bautechnik selbst erwies sich gleichwohl als den natürlichen Verhältnissen inadäquat, denn bereits 178 n. Chr. zerstörte ein Erdbeben diese Bogenaquädukte, die dann weitgehend durch eine unterirdische Neuanlage der Leitung nach altem Muster ersetzt wurden. Diese freilich wurde 262 n. Chr. bei einem neuerlichen schweren Erdbeben gleichfalls endgültig zerstört.

Immerhin gehörte die Leitung mit den anderen Großbauten der hohen Kaiserzeit zum Ehrgeizigsten, was zu dieser Zeit in den Städten der reichen Provinz Asia in Angriff genommen wurde. Aus dem oberen Kaikostal sollte vor allem die Neustadt in der Ebene versorgt werden. Mit einer geschätzten Fläche von 140 ha war sie noch größer als die eumenische Stadt, die ungefähr 110 ha umfaßte und weiterhin bewohnt wurde. Aelius Aristides konnte Pergamon angesichts dieser Größe von 250 ha Stadtgebiet mit Fug und Recht den «einsamen Gipfel der Provinz» nennen. Man nimmt an, daß ein Drittel des gesamten Stadtareals mit öffentlichen Gebäuden überbaut war, während auf dem übrigen Baugrund mehrere tausend Wohnhäuser Platz fanden, in denen nach vorsichtigen, aber wohl realistischen Schätzungen wenigstens 40 000 Menschen lebten.

Städtisches Leben in den Wohnvierteln

Wegen der modernen Überbauung und der Prosperität des antiken Pergamon ist es sehr schwierig, für einen bestimmten Zeitraum ein klares Bild vom Aussehen der Wohnviertel zu bekommen. Die Häuser und Läden wurden ständig umgebaut oder durch neue Bauten ersetzt. Bei Ausgrabungen kommt ein oft schwer zu deutendes Gewirr von Mauern und anderen Gebäuderesten zutage, das zudem nur einen ganz unvollständigen Einblick in die Geschichte der Wohnstadt erlaubt. Die Stadtgrabung konzentrierte sich darüber hinaus auf ein begrenztes Areal, dessen Aussehen vielleicht nicht repräsentativ ist. Da die historische Entwicklung der Wohnbebauung nicht komplett nachvollziehbar ist, müssen auch in diesem Zusammenhang einige Schlaglichter genügen, um einen Eindruck von der Vielfalt städtischen Lebens jenseits der öffentlichen Großbauten zu vermitteln.

Die gesamte Wohnstadt auf dem Berg wie in der Ebene war selbstverständlich durch Straßen und Gassen erschlossen, unter deren Pflasterung eine Kanalisation, die von städtischen Bediensteten ständig gesäubert oder erneuert wurde, den Unrat abführte. Die Haustypen reichten von einfachen Wohnhäusern mit wenigen Zimmern bis zu großen Peristylhäusern, in denen die Führungsschicht der Stadt wohnte. Wie in vielen antiken Städten üblich, waren die Häuser nach Süden ausgerichtet. Auf diese Weise konnte die Sonneneinstrahlung optimal genutzt werden. In Pergamon schützte man sich so zudem vor den oft heftig wehenden Nordwinden. Die Häuser besaßen meist relativ schlichtes Mauerwerk aus kleinen, unregelmäßig behauenen Quadern, das aber verputzt war, wobei in den Räumen größerer Häuser zur Verzierung auch Stuck angebracht wurde. Einfache Ziegeldächer schützten vor Regen. Der überwiegende Teil die-

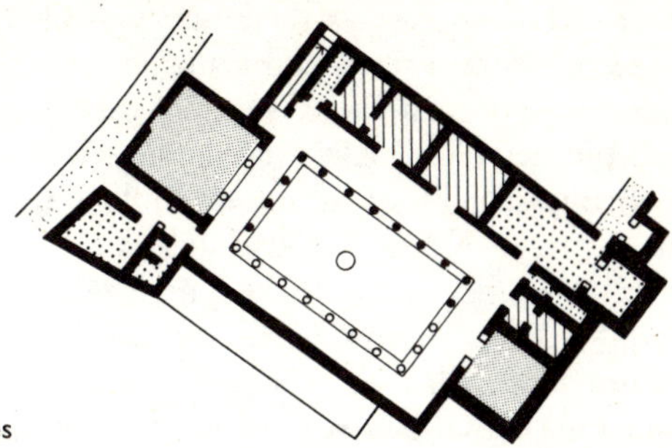

Abb. 7: Grundriß des sogenannten Attaloshauses

ser Häuser hatte einen mehr oder weniger aufwendig angelegten Hof, in den eine Zisterne für den Hausgebrauch eingebaut war. Sie speicherte das Regenwasser und war wichtigste Versorgungsquelle der Hausgemeinschaft.

Hinsichtlich der Größe und Innenausstattung variierten die Häuser stark. Am oberen Ende der Skala standen die erwähnten luxuriösen Peristylhäuser, deren Innenhöfe durch umlaufende Hallen mit Säulenarchitektur geschmückt waren. Zwei Beispiele, deren Nutzungszeit mehrere Jahrhunderte überspannte, können einen Eindruck vom Aussehen solcher Häuser vermitteln: Ein Peristylhaus nahe dem Demeterheiligtum (der sogenannte Bau Z), das heute in einem Schutzbau zu besichtigen ist, entstand zur Zeit Eumenes' II. und wurde bis in die Kaiserzeit genutzt. Es besaß neben dem Innenhof zwei einander gegenüberliegende Dreiraumgruppen. Erwähnenswert ist neben verschiedenen Wirtschaftsräumen ferner ein an der Nordseite gelegenes Bad. Die Räume dieses Hauses waren besonders luxuriös ausgestattet. Neben farbigem, Architekturelemente imitierendem Stuck wurden Mosaikfußböden von hoher Qualität verlegt, die sowohl die Halle als auch einzelne Räume zierten. Bis weit in die römische Zeit wurde das Haus immer wieder umgebaut. Von besonderem Interesse ist ein kleines Atrium beim Bad, das den Einfluß römischer Hausarchitektur in Pergamon belegt.

Diese luxuriöse Ausstattung und für Wohnbauten untypische Bauopfer, die man unter den Fußböden fand, ließen die Ausgräber daran denken, das Haus als öffentliches Gebäude (*Pry-*

taneion) zu deuten. Dafür könnte sprechen, daß im nahen Heiligtum der Demeter viele Ehrungen für Prytanen gefunden wurden. Gesichert ist diese Deutung freilich nicht, und das zweite Beispiel zeigt, daß solch aufwendige Architektur in Häusern der Führungsschicht nicht ungewöhnlich war. Westlich oberhalb der Unteren Agora liegt das sogenannte Attalos-Haus, benannt nach seinem kaiserzeitlichen Besitzer, dem römischen Senator Attalos Paterklianos. Er kaufte das in hellenistischer Zeit erbaute Haus, das eine doppelstöckige Säulenkonstruktion im Innenhof besaß, erweiterte es und stattete es mit weiterem Schmuck aus. Neben den hellenistischen Mosaiken ließ er bronzene und marmorne Standbilder des Gottes Hermes, bestehend aus einem rechteckigen Pfeiler mit dem bärtigen Kopf des Gottes (sogenannte Hermen) aufstellen. Daran angebrachte Inschriften forderten die Gäste des Hauses zum Feiern auf. Hierfür standen auf zwei Hofseiten Bankettsäle für Männer (*andrones*) zur Verfügung, in denen Sofas (Klinen) auf Mosaikfußböden standen. Während die Westseite im Sommer genutzt wurde, feierte man im Winter im verschließbaren östlichen Saal. Neben diesen öffentlichen Bereichen gab es Wirtschaftsräume (Küchen, Vorratskeller usw.) und selbstverständlich Privatgemächer.

Abgesehen von solchen Luxusvillen, die meist aristokratischen Besuchern offenstanden, gab es in den zahlreichen Gassen auch viele einfache Häuser mit und ohne Hof. An der Vorderseite der Hausreihen öffneten sich oft Werkstätten und andere Geschäfte zur Straße hin, während sich an der Rückseite kleinere Hauseinheiten anschlossen. Hier wohnten die Besitzer oder ihre Mieter, zu denen Handwerker, Händler oder etwa Köche und Schankwirte mit ihren Familien gehört haben dürften. Die soziale Zusammensetzung der Hausbewohner läßt sich naturgemäß nur schwer rekonstruieren. Sie umfaßten mit Sicherheit das gesamte gesellschaftliche Spektrum einer antiken Großstadt.

Die Erforschung der Stadt läßt darüber hinaus erkennen, wie vielfältig das Straßenbild war. Neben Werkstätten und Geschäften standen auch kleinere öffentliche Bauten. So wurde etwa bei Ausgrabungen in der Wohnstadt ein Gebäude des 1. Jh.s v. Chr. entdeckt, das hauptsächlich aus zwei Räumen – einem kleinen

Vortragssaal (Odeion) und einem Kultraum mit Nischen – bestand. Im frühen 1. Jh. n. Chr. wurden weitere Räume und eine kleine Badeanlage hinzugefügt. Insbesondere der Kultraum wurde zudem mit Marmorreliefs ausgeschmückt, die einen Hahn und Gegenstände zeigen, welche abstrakt auf Sieghaftigkeit verweisen. Man hat dieses Gebäude mit einer Inschrift in Verbindung gebracht, die von einem Heroon für den späthellenistischen ‹Bürgerkönig› Diodoros Pasparos im Stadtteil Philetaireia berichtet, welches das «Diodoreion» genannt wurde. Denkbar ist freilich auch, daß es sich um ein kleines Heiligtum für eine oder mehrere Gottheiten handelte.

Das Alltagsleben in Wohnhäusern und Läden war dort mit einer öffentlichen Kultstätte verbunden. Dies paßt gut zum Charakter des städtischen Lebens in der antiken Metropole, das stärker von öffentlichem Handeln als von privatem Rückzug geprägt war. Die Bankette in den Wohnhäusern der Reichen, die vielfältigen Feste und Prozessionen zu Ehren der Götter, Könige und Kaiser sowie die römischen Spiele füllten den pergamenischen Kalender und bereicherten an vielen Tagen des Jahres den beschwerlichen Alltag der Pergamener.

Erziehung zum vortrefflichen Bürger: Die Gymnasien

Im 2. Jh. v. Chr. baten die Bewohner der kleinen Militärsiedlung Tyriaion den König Eumenes II. darum, er möge ihrem Ort Stadtrecht mit eigener Verwaltung und Administration geben sowie die Einrichtung eines Gymnasions erlauben. Der positive Entscheid des Königs verknüpfte diesem Wunsch entsprechend die Verleihung des Stadtrechts mit der Förderung der gymnasialen Erziehung. Auch in Pergamon selbst sah die Gemeinschaft der Bürger im Gymnasion den Ort, an dem lokale Identität und Bürgersinn in der Erziehung und in den Ritualen von Wettkampf, persönlichem Einsatz und Ehrung definiert, eingeübt und verstetigt wurden. Zur gemeinsamen Erziehung, welche die Söhne der Bürger dort von einem Stab aus Pädagogen erhielten, gehörten daher nicht nur Rechnen, Schreiben, Rhetorik und

Philosophie. Hinzu kamen sportliche Wettkämpfe, in ungewissem Umfang wohl auch die Einübung militärischer Kampftechniken und die Körperpflege. Bedeutsam war ferner die Teilnahme an öffentlichen Prozessionen anläßlich der großen Feste, wie den Panathenäen oder den Nikophorien. Der Nachwuchs trat dabei als gesonderte Gruppe auf und wurde somit der Öffentlichkeit als im Idealfall vorbildliche Zukunft der Stadt präsentiert. Zugleich machten sich die Jugendlichen mit den Heiligtümern und der sakralen Kultpraxis der Stadt vertraut, was die Opfer und kultischen Handlungen, die im Gymnasion selbst ausgeübt wurden, ergänzte.

Die Gymnasiasten waren in drei Altersstufen gegliedert, nämlich die Knaben (*paides*), Jugendlichen (*epheboi*) und jungen Erwachsenen (*neoi*). Der gemeinsame Aufenthalt im Gymnasion und der tägliche Wettkampf untereinander schweißte die Knaben innerhalb der unterschiedlichen, scharf voneinander getrennten Altersgruppen sicherlich zusammen. Insbesondere zwischen den Söhnen der führenden Familien entstanden Freundschaften, bisweilen sicherlich auch Feindschaften, die ein Leben lang den politischen Einsatz für die Stadt geprägt haben dürften. Die zentrale Rolle, die das Gymnasion daher im öffentlichen Leben spielte, zeigte sich darin, wie präsent nicht nur die Könige, sondern vor allem auch herausragende Bürger leibhaftig und symbolisch im Gymnasion waren. Als Gymnasiarchen leiteten die Bürger den Betrieb, stifteten Öl und anderes für die Ausbildung. Sie waren aber auch in Gestalt von Ehrenstatuen zugegen, die von den Jugendlichen verehrt, geschmückt und die ihnen als Vorbilder vorgestellt wurden. Wir haben gesehen, welche Bedeutung das Gymnasion daher gerade in schwierigen Phasen der Stadtgeschichte – wie etwa bei Einrichtung der römischen Provinz – hatte. Auch in Blütezeiten, wie zu Beginn des 2. Jh.s n. Chr., war das Gymnasion der Ort, wo man sich die Präsenz der Wohltäter als Gymnasiarchen, vertreten durch Ehrenstatuen und zugehörige Inschriften, wünschte.

In Pergamon wurden bis in die frühe Kaiserzeit sieben Gymnasien gebaut, zu denen im Zuge der römischen Stadterweiterung sicherlich weitere hinzukamen, deren Lage aber weitge-

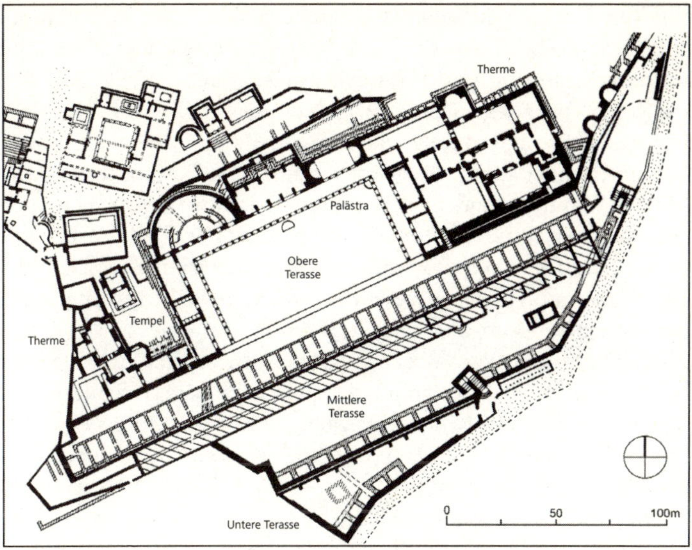

Abb. 8: Grundriß des Gymnasions

hend unbekannt ist. Im Zentrum mag daher hier das große, von Eumenes II. erbaute Gymnasion stehen, bei dem es sich zugleich um den größten und fundreichsten hellenistischen Bau dieser Art überhaupt handelt, der bis in die späte Kaiserzeit genutzt wurde. Dieses Gebäude vermittelt einen lebhaften Eindruck von der Multifunktionalität solcher Gymnasien, die eben mehr waren als bloße Ausbildungsstätten. Bei öffentlichen Aufführungen und Festessen kamen viele erwachsene Besucher, die bei anderen Gelegenheiten das Archiv oder die Bibliothek im Gymnasion nutzten. Auch ein Altenclub wird sich regelmäßig eingefunden haben.

Eumenes II. schuf für diese vielfältigen Zwecke einen repräsentativen Rahmen und führte mit dieser hoheitsvollen Geste den Bürgern seine Wertschätzung buchstäblich vor Augen. Das neue Gymnasion erstreckte sich weit sichtbar am Südosthang der neuen Stadtanlage über drei unterschiedlich große Terrassen, die eine Gesamtfläche von ca. 210 x 150 m einnahmen. Auf der unteren Terrasse, die sich in Gestalt eines Dreiecks an die Hauptstraße anpaßt, fanden sich verschiedene Räume von allerdings unklarer Funktion und Hinweise auf Statuenschmuck. Auf der mittleren Terrasse (36 x 150 m) gab es auf der Westseite vermutlich einen Sportplatz oder Park, während auf der Ostseite ein kleiner Tempel stand. Er gehörte zur ersten Bauphase und auf seinen Wänden fanden sich Namenslisten von Epheben, der militärischen Jungmannschaft, wohl aus der Zeit kurz nach 133 v. Chr. Der Tempel könnte Hermes oder Herakles, die üblicherweise in Gymnasien verehrt wurden, geweiht gewesen sein. Auf der Nordseite der Mittelterrasse stand eine 194 m lange Halle, durch die dieses Areal abgeschlossen wurde. Verschiedene Räume im Osten lagen unter dem Hallenbau und dienten vielleicht ebenfalls kultischen Zwecken. Dort wie in der Nähe des Tempels lassen sich in größerer Zahl Weihgeschenke nachweisen.

Die Hauptterrasse (80 x 210 m) war zweifellos die obere. Dort befand sich der Hauptsportplatz, die auf drei Seiten von zweigeschoßigen Säulenhallen gesäumte Palästra. Diese Säulenhallen waren in hellenistischer und nach ihrem Neubau auch in römischer Zeit mit Statuen, Weihgeschenken und Inschriften geschmückt. Um diese Säulenhalle herum lag eine große Anzahl von doppelgeschoßigen Räumen mit wechselvoller Nutzungs- und Ausstattungsgeschichte. Erhaltene Inschriften, Postamente und Basen dokumentieren zahlreiche Stiftungen bedeutender Bürger. So befanden sich auf der Ostseite ein Ehrenmonument für Diodoros Pasparos und die von ihm mit Marmorfassaden ausgestatteten Räume zur Körperpflege. Auf der Nordseite gab es einen Saal für den Kaiserkult sowie in der Mitte das sogenannte Ephebeion, den Hauptsaal des Gymnasions, der für Vorträge, Versammlungen und Festlichkeiten reserviert war. Dort standen Statuen der Könige und bedeutender Wohltäter. Unter Kaiser Hadrian wurde neben diesem Festsaal ein Odeion, ein kleines Theater, gebaut, das ca. tausend Personen Platz bot und fortan ein Ort vieler Feierlichkeiten war. Weitere Räume im Westen wurden zur Körperpflege und für kultische Zwecke genutzt. Über ihnen lag das Hauptheiligtum des Gymnasions, wobei noch unklar ist, welche Gottheit hier verehrt wurde. An seinen Außenwänden fanden sich ebenfalls Namenslisten von pergamenischen Epheben.

Der in der Kaiserzeit erfolgte Einbau des Odeions und zweier Thermenanlagen im Osten und Westen entsprach dem Bemühen, den Gymnasionsbetrieb laufend den sich wandelnden Erwartungen der Bürger anzupassen. Das pergamenische Gymnasion war, wie der kurze Rundgang lehrt, nicht allein Zuchtanstalt der Jugend, sondern eine vielfältig genutzte Einrichtung. Als Ort der Ausbildung, als Brennpunkt innerstädtischer Kommunikation und Zentrum herrscherlicher wie bürgerlicher Repräsentation belegte das Gymnasion einen Spitzenplatz in der öffentlichen Aufmerksamkeit. Die zahlreichen Umbauphasen, der ständig erweiterte Schmuck und die sich wandelnde Nutzung der multifunktionalen Räume spiegeln auf allen drei Terrassen sinnfällig die Geschicke der Stadt. Die Gymnasiarchen, aber auch prominente Besucher prüften ständig Funktionalität und Repräsentativität der Räume. All dies zeigt, wie sich die Bürger untereinander verständigten und gegenüber Königen wie römischen Kaisern positionierten. Idealbürger war jener, der sich in diese Strukturen nahtlos und vorbildlich einpaßte. Besonderer Jubel brach immer dann aus, wenn – wie im Fall des Diodoros Pasparos – diese Erwartungen noch übertroffen wurden.

Die Stadt und ihre Götter

An vielen Stellen sind wir bereits auf die Kultstätten und Tempel der Stadt aufmerksam geworden. Dies ist nicht verwunderlich, denn man kann die Geschichte des antiken Pergamon nur erzählen, wenn man auch über seine Götter spricht. Sie waren untrennbar mit Politik, Administration, Verwaltung und Repräsentation, aber auch mit der einfachen bürgerlichen Frömmigkeit verbunden. In der Öffentlichkeit wie im privaten Haus waren die Götter und ihre Kulte stets präsent und begleiteten das tägliche Leben.

Abgesehen von den zahllosen kleinen Kultstätten und Kapellen, die sich in öffentlichen Gebäuden wie in den Wohnvierteln

Abb. 9: Propylon des Athenatempels (Berlin, Pergamonmuseum)

fanden, spielten die Hauptheiligtümer für Identität und Repräsentation der Stadt eine besondere Rolle. An erster Stelle ist der im ausgehenden 4. Jh. v. Chr. entstandene Athenatempel zu nennen, der wenig unterhalb der Oberburg als dorischer Peripteros, d. h. als Tempel mit einer umlaufenden Säulenstellung, erbaut wurde. Die ursprünglich vielleicht nach dem athenischen Vorbild als Athena Polias verehrte Göttin trug unter Attalos I. sicher den Beinamen «Nikephoros» (die Siegbringende), und der heilige Bezirk des Tempels wurde zum Repräsentationszentrum der siegreichen attalidischen Dynastie ausgebaut. Mit der Aufstellung der Galateranatheme und der Ehrenstatuen des Königs wie seines Offiziers wurde eine Tradition begründet, die von den Nachfolgern intensiv fortgesetzt wurde. Das Bauprogramm Eumenes' II. schloß die Errichtung einer marmornen Doppelstoa ein, die das Heiligtum einfaßte und mit den heute im Pergamonmuseum ausgestellten Waffenreliefs sowie zahllosen Statuen und Gemälden geschmückt war. Auch das damals neugebaute Propylon, das heute im Berliner Pergamonmuseum zu bewundernde Eingangstor, zeigt marmorne Reliefs, die Eulen (für Athena) und Adler (für Zeus) darstellen. Sie korrespondieren mit vielen, beiden Göttern gestifteten Weihungen im Tempel.

Bis in die hohe Kaiserzeit kamen immer neue Weihungen und Ehreninschriften hinzu. Man kann sich heute kaum mehr eine Vorstellung von der Vielzahl der Statuen machen, die wie ein Massenauflauf prominenter Bürger, Könige, Kaiser, Statthalter, Priesterinnen und anderer bedeutender Persönlichkeiten gewirkt haben müssen. Überall waren außerdem Inschriften zu sehen, da der Platz als «Archiv» für öffentlich aufgestellte Dokumente diente. Das Heiligtum war mit diesem Inventar eine einzigartige Sammlung von Monumenten der hellenistischen wie der kaiserzeitlichen Stadtgeschichte, die dort in Bild und Text nachvollzogen werden konnte. Es ist gut denkbar, daß mit dem Heiligtum die große Bibliothek kombiniert war, von der wir in den antiken Quellen hören. Bislang konnte freilich kein Gebäude schlüssig als Bibliothek identifiziert werden, da die umliegenden Bauten allesamt zu klein für die hohe Zahl der angeblich 200 000 dort aufbewahrten Buchrollen waren. Sollte diese Zahl unzuverlässig und der Bestand geringer gewesen sein, dann ließe sie sich in den Gebäuden nördlich der Hallen lokalisieren, wo die Kopie der attischen Phidiasstatue gefunden wurde. Wie dem auch sei: In der bekannten Ausstattung war der Athenatempel lange Zeit das unbestrittene lokale Zentrum der Kultur. Auf den mit dem Heiligtum assoziierten großen Altar werden wir im nächsten Kapitel zurückkommen.

Der von Attalos I. gebaute Zeustempel und das von Attalos II. oberhalb des Gymnasions errichtete Heraheiligtum stellten für den Athenatempel keine Konkurrenz dar. Sie erweiterten das Pantheon der in öffentlichen Kultstätten verehrten Götter entlang der Hauptstraße und gaben den Königen zugleich die Gelegenheit, sich selbst für kultische Ehren ins Spiel zu bringen. So wurde im Tempel der Hera ein Standbild Attalos' II. gefunden. Diese Verknüpfung von Herrscher- oder Familienkult mit Götterkulten ist ebenfalls in einem Heiligtum anzutreffen, in dem die Fruchtbarkeitsgöttin Demeter verehrt wurde. Bereits Philetairos hat den Tempel dieser Göttin und seiner Mutter Boa geweiht, was im Falle des Demeterkultes durchaus nahelag. Es handelte sich nämlich um einen in erster Linie von Frauen praktizierten Kult, der in dem jährlichen Fest der Thesmophorien, dem Fest der Aussaat, seinen Höhepunkt fand. Die Feiern für Demeter und ihre Tochter Persephone (oder Kore) hatten Bezug zur Unterwelt, in der die Tochter dem Mythos zufolge die Hälfte des Jahres verbringen mußte, weshalb die Trauer ihrer Mutter der Welt den Winter brachte. Daher war der Kult für Demeter und Kore meist mit Mysterien verbunden, bei denen Frauen in Geheimnisse eingeweiht wurden, die mit Überwindung des Todes und mit der Wiedergeburt zu tun hatten.

Wir wissen wenig über die Feiern in Pergamon, können aber anhand der Architektur des Heiligtums erkennen, daß dieses für die Feierlichkeiten besonders ausgestattet war. Neben Tempelgebäuden und Altären prägten Säulenhallen und auf der Ostseite Sitztribünen für die Teilnehmer und Zuschauer der Kulthandlungen den heiligen Bezirk. Den später nicht mehr erweiterten, sondern nur durch die Anbringung von Schmuck und durch kleinere Umbauten veränderten Grundbestand stiftete Apollonis, die Gattin Attalos' I. Im ausgehenden 3. Jh. v. Chr. wurde das Heiligtum demnach bereits als einer der größten Kultbezirke der Stadt genutzt, was für die relative Prominenz des Kultes spricht. Der heilige Bezirk scheint über die Jahrhunderte besonders geeignet gewesen zu sein, neue religiöse Tendenzen aufzunehmen. So wurde die Kaisergattin Livia dort geehrt, die auf pergamenischen Münzen als Demeter abgebildet wurde. Im 2. und 3. Jh. n. Chr. begegnen schließlich unspezifische Weihungen an «alle Götter» oder an abstrakte Dinge wie Eintracht, Glaube und Weisheit. Diese als Pantheismus bezeichnete religiöse Strömung hatte im exklusiven Heiligtum der Athena keinen Platz.

Neben Athena und Demeter spielte Dionysos, der Gott des Weines, in Pergamon seit dem 3. Jh. v. Chr. eine herausragende Rolle, die er zweifellos den attalidischen Königen verdankte. Dionysos galt in hellenistischer Zeit als Gott, der sich besonders für eine Herrschaftsstilisierung eignete. So wie Herakles als irdischer Heiland alles Übel aus der Welt geschafft hatte und ein beliebter Ahnherr von Königshäusern (auch der Attaliden) wurde, so war Dionysos die Gottheit, die erfolgreich in den Osten gegen die Barbaren gezogen und darauf weintrunken und ausgelassen feiernd zurückgekehrt war. Von Alexander dem Großen bis zu Marcus Antonius ließen sich zahllose Größen als ‹Neuer Dionysos› feiern, allen voran die ptolemäischen Könige in Ägypten.

Dies ist für die Attaliden zwar ebensowenig bezeugt wie eine Berufung auf Dionysos als Stammvater der Dynastie; dennoch assoziierten sich die Attaliden seit Attalos I. mit diesem Gott, weshalb ein Mitglied der weiteren Königsfamilie den Priester für den pergamenischen Dionysos Kathegemon stellte, der an der Spitze der örtlichen Theater- und Festkultur stand. Der wichtigste Tempel für Dionysos befand sich auf der Theaterterrasse und wurde vermutlich von Eumenes II. errichtet. Die traditionelle Verbindung des Dionysoskultes mit dem Theater wurde in der Planung offenbar bedacht. In diesen Kontext gehören die bereits erwähnten Künstler und Sänger, die Dionysischen Techniten aus Teos, die wie die Attalisten in die Kultfeiern eingebunden waren, bei denen sie alle zwei Jahre bei sicherlich ausufernden Feiern kräftig zechten.

Nach dem Ende der Königszeit wurde Dionysos nahtlos weiter verehrt. Die Priesterschaft bestand in der Kaiserzeit aus besonders prominenten Bürgern, wie etwa jenen Männern höchsten Adels, die sich zur Zeit Hadrians auf königliche Vorfahren beriefen. In der Kultvereinigung, zu der die sogenannten «Bukoloi» gehörten, war darüber hinaus die Führungsschicht der Stadt vertreten. Inmitten der Wohnstadt wurde eine Kultanlage ausgegraben, die einen lebhaften Eindruck von den Gelagen vermittelt, auch wenn die Feiern im einzelnen nicht zu rekonstruieren sind. Ungeachtet der verlorengegangenen Bezüge zum Königshaus blieb Dionysos eine beliebte Gottheit der Bürger, nicht zuletzt wegen der zum Kult gehörigen orgiastischen Gelage.

Staatstragender ging es selbstverständlich bei den offiziellen Feiern des Kaiserkultes zu, die seit Augustus in der Stadt beheimatet waren. Neben kultischer Verehrung der Kaiser etwa im Demetertempel oder im Gymnasion waren die Feiern im Augustustempel und vor allem im Tempel des Kaisers Trajan besonders wichtig, da es sich um mehrwöchige Feste des Landtags handelte, bei denen viele Menschen aus der ganzen Provinz zusammenkamen. Das sogenannte «Trajaneum» bestand aus einem monumentalen marmornen Podiumstempel, der von Säulenhallen und Nebengebäuden umstanden war. Mit geradezu gigantischem Aufwand wurde von 114 n. Chr. an der Oberburg durch mächtige Substruktionen und Gewölbe eine neue Terrasse vorgeblendet, auf welcher der Tempel stand, welcher nun als neue Bekrönung der Stadt diente. Nach der modernen, durch das Deutsche Archäologische Institut vorgenommenen Teilrekonstruktion wird heute jedem Besucher Pergamons auf den ersten Blick klar, daß der Tempel weithin sichtbar das Stadtbild dominierte.

Im Tempel wurde Trajan gemeinsam mit Zeus Philios verehrt, deren beider Statuen 137/38 n. Chr. ein Standbild des Kaisers Hadrian an die Seite gestellt wurde. Dieser ließ vermutlich auch die seitlichen Säulenhallen und die nördlichen Oberbauten errichten, womit die Anlage optisch gerahmt wurde und noch monumentaler wirkte. Der Tempel war als neues urbanistisches Ensemble der Hauptkonkurrent zum Heiligtum der Athena, wenn Weihungen oder die Aufstellung von Ehrenstatuen beschlossen wurden. Entsprechend reich sind die Funde.

Mit der Errichtung des Trajaneums war zugleich ein umfänglicher Ausbau der Unterstadt verbunden. Man hat beobachtet, daß die Ausrichtung des Tempelbaus sogar den orthogonalen Plan der neuen Unterstadt bestimmte. Das Trajaneum war somit urbanistisches Symbol für die Neugründung der Stadt durch diesen Kaiser. Sein Nachfolger Hadrian setzte diese Politik fort und war vermutlich an einem bis heute rätselhaften Kultbau beteiligt, der in den neuen Stadtvierteln, und zwar exakt in den neuen Rasterplan eingepaßt, errichtet wurde. Es handelt sich um das größte Heiligtum der Stadt, das in den stattlichen Maßen von 60 m Länge, 26 m Breite und rund 19 m Höhe aus Ziegeln errichtet wurde und daher heute von der türkischen Bevölkerung ‹Rote Halle› genannt wird. Auf der Nord- und Südseite besaß der Bau zwei langrechteckige Anbauten mit großen Rundbauten, vor denen quadratische Seitenhöfe lagen. Dieses monumentale Gebäude, das in keinem antiken Text erwähnt wird, stand auf einem Areal von insgesamt 270 x 100 m Fläche, denn der Tempel hatte einen großen Vorplatz, der vermutlich allseitig von Säulenhallen gesäumt war. Die Anlage war über den antiken Fluß Selinos gebaut, der durch zwei heute noch gut erhaltene Tunnel unter der Anlage hindurchgeführt wurde.

Bisher ist das Geheimnis dieses imposanten Bauwerks, das die Altstadt von Bergama dominiert, nicht gelüftet. Der äußerst komplizierte Baubefund im Innern des Tempels ist ebensowenig entschlüsselt wie die Frage beantwortet ist, welche Gottheiten dort verehrt wurden. Hinweise gibt der in jüngster Zeit grundlegend erforschte Skulpturenschmuck in den beiden Seitenhöfen. Es handelt sich um Stützfiguren der Hallenarchitektur, sogenannte Karyatiden, die ägyptisierende Kleidung sowie ebensolchen Kopfputz tragen und Elementen ägyptischer Hofarchitektur ähneln. Dieser Bezug zu Ägypten wurde offenbar erst angeregt, als der Rohbau bereits fertig war, und dürfte wie dieser auf eine Initiative des Kaisers Hadrian zurückgehen. In dessen letzten Regierungsjahren wurden ägyptische Kulte in Pergamon heimisch, wobei die römische Zentrale nicht nur ideelle Anstöße gab, sondern Arbeitskräfte und römisches Knowhow für den Ziegelbau, die Bauornamentik und die Stützfiguren in Pergamon zur Verfügung stellte. Letztere gehören stilistisch in die Zeit des Kaisers Antoninus Pius (138–161 n. Chr.), unter dem der Bau fertiggestellt wurde. Außer den ägyptischen Göttern scheint auch Kybele in dem Heiligtum verehrt worden zu sein.

Neben diesen Tempeln der Stadt, die mit ihrem Bau- und Statuenschmuck überregionale Aufmerksamkeit fanden, besaß Pergamon außerhalb der Stadt gelegene Heiligtümer, in denen die Bürgergemeinde große Feste feierte und die vergleichbar aufwendig ausgestattet gewesen sein müssen. Von ihnen sind das der Athena geweihte Nikephorion und das Aphrodision bisher nicht wiederentdeckt und nur aus Inschriften sowie aus Berichten über ihre mehrmalige Plünderung in hellenistischer Zeit bekannt. Gut erforscht ist hingegen das Asklepieion, das sich westlich der Stadt befand und durch eine wenigstens einen Kilometer lange heilige Straße mit der Stadt verbunden war. Der Heilgott Asklepios erhielt dort in der Mitte des 4. Jh.s v. Chr. ein Heiligtum, das vielleicht an ältere Kulttraditionen anknüpfte, da in der Gegend des Tempels Siedlungsspuren nachweisbar sind, die bis in das 2. Jahrtausend v. Chr. zurückreichen. Eine erste Blüte läßt sich für den Kult unter den attalidischen Königen festmachen, auch wenn die hellenistische Geschichte des Heiligtums schwierig zu rekonstruieren ist. Immerhin war das Tempelareal um 200 v. Chr. bereits gut ausgebaut, mit einer Wohnsiedlung assoziiert und wurde vermutlich unter Eumenes II. noch einmal erweitert. In dieser Zeit gab es schon neben dem Asklepiostempel weitere kleine Heiligtümer sowie Räumlichkeiten, in denen die kranken Besucher nächtigten, um sich am darauffolgenden Tag von den Priestern ihre Träume deuten zu lassen. Sie wollten so erfahren, was unternommen werden müsse, um geheilt zu werden. Solche sogenannten Inkubationsorakel, über deren Ablauf in Pergamon uns Aelius Aristides berichtet, gab es in vielen Asklepiosheiligtümern.

Schon unter Domitian hatte dieser Kult einen deutlichen Aufschwung genommen, da der aus Pergamon stammende Eunuch und Freigelassene Flavius Earinus ein Günstling dieses Kaisers

Abb. 10: Modell des Asklepios-Heiligtums (Blick von Westen)

war. Er machte den Kult in Rom so bekannt, daß der zeitgenössische Dichter Martial Asklepios als «Pergamons Gott» bezeichnen konnte. Athena, Dionysos und Zeus standen fortan in seinem Schatten. Der Höhepunkt des Heiligtums wurde in hadrianischer Zeit erreicht, in der auch zahlreiche Neubauten errichtet wurden. Dazu gehörte der unter Trajan begonnene Ausbau der heiligen Straße zu einem überdachten Weg (*via tecta*), der am Heiligtum als Säulenhalle mit Läden gestaltet war. Zahlreiche Geschäfte, in denen Devotionalien, die für den Kult erforderlichen Opfergaben und vieles mehr verkauft wurden, belegen lebhaftes Interesse der Besucher. Man hat diese Ladenkette mit türkischen Basaren verglichen, was vielleicht einen guten Eindruck von der Infrastruktur in der Nähe des Tempels vermittelt. Neben der kultischen Hilfe von Priestern dürfte auch die medizinische Betreuung durch Ärzte und andere Personen, die sich als Heiler anboten, dort zu lokalisieren und sehr gefragt gewesen sein.

Trotz des hohen Publikumsverkehrs aus allen sozialen Schichten erhielt der Kultort damals ein neuartiges und weit über Pergamon hinausstrahlendes Gepräge. Dies verrät der neue

Rundtempel für Zeus Asklepios Soter, der gegenüber dem alten Tempel des Asklepios Soter neben den Eingang zum sakralen Bezirk gebaut wurde und weltläufig als verkleinerte Kopie des römischen Pantheons konzipiert war. Im Heiligtum war nun neben Kaiser Hadrian mit Claudius Charax, Cuspius Pactumeius Rufinus oder Pollio jene Spitzengruppe pergamenischer Bürger als Stifter präsent, die wir bereits als intellektuelle Weltbürger mit politischer Karriere, die sie bis in den römischen Senat führte, kennengelernt haben. Sie ließen ein Propylon und Säulenhallen errichten. Die Stiftungen einer Bibliothek durch eine Frau namens Flavia Melitene und eines reich mit Schmuck ausgestatteten Theaters, das immerhin 3500 Personen Platz bot, bereicherten den Kurbetrieb um die Möglichkeit des intellektuellen Austausches und einer regen Vortragskultur. Das Asklepieion wurde als architektonisch geschlossen konzipierte Anlage Mittelpunkt des gesellschaftlichen Lebens der pergamenischen Führungsschicht wie auch einer reichsweit vernetzten Politiker- und Gelehrtenschicht, die während ihrer Kurbesuche die Behandlung echter oder eingebildeter Krankheit mit Kulturgenuß und politischer Beziehungspflege verband. Aelius Aristides, der über einen Zeitraum von 13 Jahren immer wieder dort weilte, gewährt Einblicke in diese Kultur. Mit Galen betrat in der Mitte des 2. Jh.s n. Chr. immerhin ein pergamenischer Arzt die Bühne, der selbst am Kaiserhof in Rom diente und ein ungeheuer reiches medizinisches Schrifttum hinterließ.

Das Asklepieion wurde das wichtigste Heiligtum dieser Art im ganzen römischen Reich und schließlich zu den Weltwundern gezählt. Der Kaiser Marc Aurel sprach in einem Brief von Pergamon als der berühmtesten Kurstätte des Reiches. Entsprechend aufwendig muß man sich die Ausstattung mit Weih- und Ehrenmonumenten vorstellen, von denen heute noch die erhaltenen Inschriften zeugen. Neben zahlreichen Ehreninschriften für Gelehrte aller Art fand sich bisher bezeichnenderweise keine einzige für einen Arzt. Gemeinsam mit dem Athenatempel und dem Trajaneum sowie dem noch nicht entdeckten Nikephorion und seinem reichen Bildschmuck machte das Asklepieion Pergamon zur Stadt der Kunst und Wissenschaft. Der antike Besucher hatte

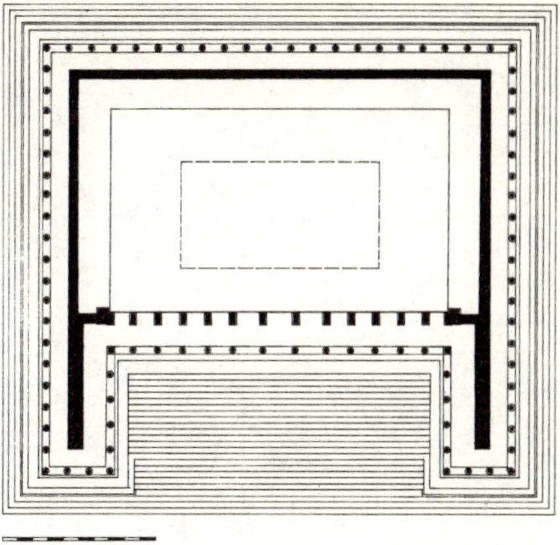

Abb. 11: Pergamonaltar, Grundriß, Zeichnung V. Kästner

in den Tempeln die Möglichkeit, die antike Kunst-, Literatur- und Wissenschaftsgeschichte in einmaliger Weise zu studieren. Berühmtheit und Ausstrahlungskraft pergamenischer Kultur beruhte demnach – so läßt sich zusammenfassend feststellen – wesentlich auf den dort verehrten Göttern und ihren Heiligtümern.

Der große Altar: Der Sieg Pergamons über die Barbaren

Angesichts der zahllosen Bildwerke überall in der Stadt wurde der große Altar, der heute im Pergamonmuseum steht, von den antiken Zeitgenossen beim Lob der pergamenischen Kunst und Kultur nicht eigens hervorgehoben. Und dennoch muß er inmitten der vielen Statuen besondere Aufmerksamkeit erregt haben, wofür seine Aufnahme in eine Liste der antiken Weltwunder spricht. Die Monumentalität des Marmoraltars, der eine Grundfläche von rund 37 x 35 m und eine Gesamthöhe von rund 10 m aufwies, wurde durch die angebrachten Reliefs noch gesteigert. Das Bauwerk stand auf einem Unterbau, der auf der Westseite eine breite Treppe besaß. Sie führte zum Opferaltar, der wiederum von einer U-förmigen Mauer umgeben war. Diese Mauer trug auf der Innenseite einen rund 60 m langen und

Abb. 12: Pergamonaltar, Relief mit Zeus im Kampf gegen die Giganten (Berlin, Pergamonmuseum)

1,5 m hohen Fries, auf dem Taten aus dem Leben des mythischen Gründers Telephos abgebildet waren. Auf den Außenseiten sowie auf den an der Treppe vorstehenden Risaliten, über denen noch eine Säulenstellung aufgesetzt war, war ein 113 m langer und 2,5 m hoher Fries angebracht, der den Kampf der Götter gegen die Giganten zeigt. Letztere hatten sich dem Mythos zufolge gegen die Götter erhoben, die gegen sie ihren letzten Kampf zur Durchsetzung der göttlichen Ordnung auf der Welt austragen mußten. Sie gewannen ihn unter der Führung von Zeus und Athena und mit Hilfe des Zeussohnes Herakles und schufen damit jene Welt, in der die antiken Zeitgenossen lebten, von den sieghaften Göttern begleitet, beschützt und bei Verfehlungen bestraft.

Auf dem Fries sind die Götter nach Verwandtschaft und Wirkungskreis geordnet sowie auf die städtischen Heiligtümer Pergamons ausgerichtet. Der Altar wurde auf diese Weise in die Sakraltopographie der Stadt eingebettet. Im Osten – als der Seite des Sonnenaufgangs wie des Zugangs zum Altar – agiert Zeus mit seinen nächsten Verwandten, wie beispielsweise Athena, Hera, Nike und Ares; im Süden kämpfen Lichtgottheiten wie Helios und Eos; auf der dunklen Nordseite kann man Nyx (die Nacht), Eris (den Streit) und die Schicksalsgöttinnen sehen, während im Westen, der Ägäis zugewandten Seite, Meeresgötter wie Poseidon oder Okeanos, aber auch Dionysos kämpfen. Die Giganten sind meist als Wesen mit schlangenförmigem Unterleib dargestellt und wirken daher wie schreckliche Fabeltiere. Das gesamte, überlegt durchkomponierte Geschehen führt alle griechischen Götter vor, die aus literarischen Werken wie etwa der *Theogonie* des Dichters Hesiod bekannt waren. Die lokalen Gelehrten standen den Künstlern beim Entwurf vielleicht mit zusätzlichen Informationen zum Pantheon zur Seite.

Noch heute beeindrucken Tiefe und Plastizität der Reliefs. Die Figuren sind so gearbeitet, daß sie aus dem Bild geradezu herauszutreten scheinen, während umgekehrt der Betrachter in das Geschehen hineingezogen wird. Die stark modellierten Muskeln, wallende, aber fein ausgemeißelte Gewänder und stark bewegtes Haar steigern die Wirkung der Darstellung. Das Kampfgeschehen erscheint als Rausch aus Gewalt und Sieghaftigkeit. Die ungestümen Bewegungen, die ausholenden Gesten und die pathetische Mimik müssen in ihrer ursprünglichen Farbigkeit noch eindrucksvoller gewesen sein.

So wird die gesamte Götterwelt in Pergamon unterhalb der Athenaterrasse und mit architektonischem Bezug auf diese versammelt, um unter der Führung von Zeus und Athena die Mächte des Bösen zu bezwingen. Jeder antike Betrachter wußte, daß diese Gigantomachie wie die Kämpfe gegen die Amazonen seit dem 5. Jh. v. Chr. als mythische Vorgeschichte der athenischen Siege über die Barbaren gelesen werden sollte. In Athen war bald nach den Perserkriegen in einer Gemäldegalerie an der Agora, der sogenannten «Stoa Poikile», dieser Kampf neben weiteren Bildern, die unter anderem die Schlacht von Marathon (490 v. Chr.) zeigten, zu bestaunen. Der besonders kunstsinnige Zeitgenosse konnte in Pergamon vielleicht sogar in den Motiven und Darstellungen einzelner Szenen Zitate athenischer Kunst wiedererkennen. Kombiniert wurde dies alles mit dem

Telephosfries, der ausführlich die mythischen Ursprünge der Stadt wie der Königsdynastie illustrierte und diese fest in die griechische Welt einfügte.

Die attalidische Dynastie schuf mit diesem Monument den Höhepunkt einer seit Attalos I. ständig wiederholten Selbstdarstellung, die Pergamon als zweites Athen, als Sieger über die Barbaren des Ostens feierte. Auftraggeber des Bauwerks war Eumenes II., der im Rahmen der Stadtneugestaltung und des Umbaus des Athenatempels offenbar einen besonders markanten Akzent setzen wollte, der alles bisher Dagewesene in den Schatten stellen sollte. Mittlerweile legen Nachgrabungen im Sockelbau nahe, daß der Baubeginn um 170 v. Chr. oder etwas später zu datieren ist. Heftig umstritten ist gleichwohl die Funktion des Baus, den man als Zeusaltar, als Heroon des Telephos oder als Herrscherkultstätte interpretiert hat. Viel für sich hat wegen der herausragenden Rolle Athenas und der architektonischen Bezugnahme auf ihren Tempel die Deutung als Weihgeschenk für diese Göttin.

Wie bereits erwähnt, wird die Weihung des Altars auf einen konkreten Anlaß zurückgeführt, wie etwa das Überleben des Königs nach dem Attentat in Delphi. Denkbar ist auch, daß dieser in Zeiten seiner durch das Attentat offensichtlichen und noch zunehmenden Isolierung innerhalb der griechischen Staatenwelt spektakulär und selbstbewußt die Bedeutung Pergamons noch einmal herausstreichen wollte. Die Galaterkarte konnte, wie wir vielfach gesehen haben, immer ausgespielt werden, da die Stämme weiterhin und gerade in den 60er Jahren des 2. Jh.s v. Chr. für viel Unruhe sorgten. Andere Gegner der Götter sehen auf dem Relief aus wie zeitgenössische Krieger, weshalb auch die aktuellen politischen Gegner aus benachbarten Königreichen in das Bildprogramm einbezogen worden sein könnten. Es hat daher einiges für sich, angesichts der schwierigen politischen Situation, in der Eumenes II. sich in diesen Jahren befand, das Monument als gebündelte Darstellung pergamenischer Sieghaftigkeit an allen Fronten zu interpretieren, die mit der mythischen Geschichte der Dynastie verknüpft wurde. Flankiert durch den Anspruch, die neue Kultur- und Kunsthauptstadt der griechischen Welt zu sein, trafen der Bauauftrag und das Bildprogramm voll ins Schwarze. Attalos II. setzte diese Politik der repräsentativen Selbstbehauptung fort, indem er gut zehn Jahre später um 160/50 v. Chr. in Athen ein Monument stiftete, das ebenfalls neben Giganten, Amazonen und Persern auch Galater in Kampf und Niederlage gegen Athen beziehungsweise Pergamon zeigte. Mit mehr als hundert unterlebensgroßen Bronzestatuen war diese Stiftung, aufgestellt auf der Mauer der Akropolis, in der kunstverwöhnten Stadt zweifellos ein besonderer Blickfang.

Stadt der Kunst und Gelehrsamkeit

Mehrfach sind uns bereits die herausragenden Kunstwerke begegnet, die es außer dem großen Altar in Pergamon zu bestaunen gab. Neben dem Engagement auswärtiger Künstler aus den führenden Kunstzentren wurde schon in der Zeit Attalos' I. in Pergamon eine Werkstatt unter der Leitung des Bildhauers Epigonos eingerichtet, um die Galateranatheme und andere Ehrenmonumente herstellen zu lassen. Die zahllosen Bildnisse, welche in den Hauptheiligtümern, öffentlichen Gebäuden und Platzanlagen aufgestellt waren, waren zu einem guten Teil über Jahrhunderte in pergamenischen Werkstätten hergestellt worden. Über die Organisation dieser Betriebe haben wir keine Nachrichten und kennen nur die Namen einiger Bildhauer, die an den Bildwerken ihre Signaturen anbrachten.

Etwas besser informiert sind wir über die königlichen Sammlungen, die in den Palästen, vor allem im Athenaheiligtum entstanden und der Herrschaftsrepräsentation dienten. Ein Teil der hier ausgestellten Bildwerke gehört in die Kategorie Beutekunst: Die Kunstwerke könnten beispielsweise aus dem pergamenischen Flottenstützpunkt Ägina oder aus Korinth, an dessen Zerstörung sich Attalos II. 146 v. Chr. beteiligt hatte, nach Pergamon gebracht worden sein. Unklar ist der Umfang, denn wir hören auch davon, daß der König versucht haben soll, dem römischen Befehlshaber aus der korinthischen Beute ein Gemälde des Malers Aristides zu einem solch hohen Preis, nämlich

100 Talenten, abzukaufen, daß dieser Verdacht schöpfte und das Bild in den Cerestempel in Rom hängen ließ. In einem anderen Zusammenhang wird von einem hohen Gebot Attalos' II. von 40 Talenten für ein Gemälde erzählt, das ihm von dem Maler Kydias selbst verweigert wurde. Solche Anekdoten verraten letztlich wenig über die Kunstpolitik der Attaliden, sondern belegen nur, daß die Könige reich waren und auf dem Kunstmarkt mit zahlungskräftigen römischen Senatoren konkurrierten, die in dieser Zeit durchaus vergleichbare Summen für die Ausschmückung ihrer Villen zahlten.

Immerhin kann man aus anderen Texten sowie aus gefundenen Statuenbasen mit Künstlersignatur schließen, daß in Pergamon Kunst der griechischen Archaik (Mädchenfiguren) und Klassik (ein Apollon aus Ägina) zu sehen war. Erwähnt wird ferner eine archaische Graziendarstellung des Bildhauers Bupalos von Chios, die in einem Schlafgemach des Palastes stand. Zu den Bildnissen gehörten neben verschleppten Originalen des weiteren Repliken wie etwa die heute in Berlin ausgestellte Kopie der Athena Parthenos. Mit Nikeratos war bereits im 3. Jh. v. Chr. ein attischer Künstler in Pergamon tätig. Hinzu kamen Bildnisse von Künstlern, die als gefragte Meister ihrer Zeit in vielen Städten mit Standbildern vertreten waren – so etwa Thoinias aus Sikyon um 200 v. Chr. Das Bild des Gottes Asklepios wurde von Phyromachos aus Athen geschaffen und war so bedeutend, daß es von Prusias II. 155 v. Chr. geraubt wurde, auf Druck der Römer vielleicht zurückgegeben werden mußte. An diesem Bildwerk hat sich eine lebhafte moderne Grundsatzdebatte über die Frage entzündet, welche Rolle dieser Künstler und mithin Pergamon bei der Entwicklung der hellenistischen Plastik gespielt hat.

Diese Notizen sind freilich nur Schlaglichter auf die reiche Ausschmückung des öffentlichen Raums. Alle diese Bildnisse dienten in erster Linie der repräsentativen Verschönerung der Stadt und gehörten nicht zu einem früher unterstellten musealen Konzept, dem schon die getrennte Aufstellung der Bildwerke in Heiligtümern, den Palästen und dem Gymnasion widerspricht. Auch ist zu Recht bezweifelt worden, daß mit den genannten Statuen den lokalen Bildhauern gezielt Schulungs- und Anschauungsmaterial von den Königen beschafft wurde. Ziel war es vielmehr, die Stadt durch Weihgeschenke, geraubte Kunstwerke, Stiftungen und Ehrenmonumente zu einer der prachtvollsten Städte der Antike zu machen und damit der attalidischen Dynastie entsprechenden Glanz zu verleihen. Schon in hellenistischer Zeit plünderten daher Angreifer wie Philipp V. im Jahr 201 v. Chr. oder Prusias II. im Jahr 155 v. Chr. bei vergeblicher Belagerung der Stadt die vorstädtischen Heiligtümer und zerstörten oder raubten den Statuenschmuck, um dem Ansehen der Stadt zu schaden. Und in der Kaiserzeit kamen, wie bereits erwähnt, Beauftragte des Kaisers Nero, um Statuenschmuck aus Pergamon in den neuen Palast des Kaisers nach Rom zu bringen.

Neben Schöpfern der plastischen Kunst lebten in der Stadt ausgezeichnete Handwerker und Künstler, die außer Mosaiken und Gemälden etwa die berühmten pergamenischen Teppiche, weitverbreitetes Tafelgeschirr von hoher Qualität und auch Metallschmuck herstellten. Mit dieser Bild- und Kleinkunst, deren Produktion auch in Form verzierter Keramik im 2. Jh. v. Chr. einen Höhepunkt erreichte, wurde der Schmuck von öffentlichen und privaten Räumen erst perfekt. Bekannt wurde die Stadt auch durch die Herstellung des nach ihr benannten Pergaments, das aus Tierhaut gefertigt wurde. Man schrieb den Pergamenern gar die Erfindung des Schreibmaterials zu, was freilich eine Legende ist, die man mit der bedeutenden Bibliothek der Stadt, die unter Eumenes II. gebaut wurde, verknüpfte.

Die im 2. Jh. v. Chr. gestiftete Bibliothek dürfte schon im 3. Jh. v. Chr. irgendwo im Stadtgebiet einen Vorgängerbau gehabt haben, denn schon für dieses Jahrhundert ist ein beachtliches Niveau literarischen Schaffens zu konstatieren, das jenem in Alexandria, der Hochburg von Philologie und Literatur, nicht nachstand und ohne eine gut sortierte Bibliothek nicht vorstellbar war. Der seit Eumenes I. bestehende Kontakt des Königshauses zur Akademie in Athen und die unter Attalos I. nachweisbare Anwesenheit von Philosophen, Naturwissenschaftlern, Historikern und Dichtern in Pergamon markiert den Beginn einer intellektuellen Blüte, die im 2. Jh. v. Chr. besondere Ausstrahlungskraft gewann. Der Mathematiker Apollonios von Perge, der Naturforscher Biton oder der Reiseschriftsteller Polemon aus Ilion waren solche bekannten Gelehrten. Mit Krates von Mallos leitete zu Beginn des 2. Jh.s v. Chr. ein Mann die Bibliothek, der dank seines Homerkommentars und seiner anderen Schriften über die frühgriechische Dichtung bekannt war und als einer der führenden Philologen seiner Zeit galt. Hofliteraten wie Musaios und Leschides schrieben Lobgedichte auf die Könige, andere, wie Artemon von Pergamon, verfaßten Schriften über Bücher oder den Dionysoskult. Die Attalos II. gewidmete Chronik des Apollodoros oder die Werke des Historikers Karystios stehen ebenfalls für die Vielfalt der in Pergamon entstandenen Werke. Hinzu kam eine themenreiche Dichtung, deren Spuren noch in inschriftlich erhaltenen Epigrammen greifbar sind.

Ein zweiter Höhepunkt der Gelehrsamkeit fiel in das 2. Jh. n. Chr., als in der Stadt Spitzenpolitiker auftraten, die nicht nur eine Reichskarriere verfolgten, sondern auch literarisch tätig waren. Neben dem pergamenischen Senator Aulus Claudius Charax, der unter anderem ein Geschichtswerk vorlegte, sind Autoren wie Marcellus zu nennen, der einen Fürstenspiegel für Kaiser Hadrian verfaßte. Die Auftritte zeitgenössischer Vortragsstars wie Aelius Aristides oder Dion Chrysostomos im Asklepieion und die dort neu erbaute Bibliothek hatten große Ausstrahlungskraft. Die Stadt hatte zudem mit dem Arzt Galen (129–216 n. Chr.), der ein umfangreiches Werk hinterließ, einen berühmten Mann, der uns einen guten Eindruck davon vermittelt, wie in dieser Zeit perfekte Gelehrsamkeit erreicht wurde: Nach einer exzellenten Grundausbildung in Pergamon selbst reiste Galen zu den führenden Medizinern in Smyrna, Alexandria und Korinth. Er kehrte darauf nach Pergamon zurück, wo er die Gladiatoren des provinzialen Kaiserpriesters behandelte, um nach dieser intensiven praktischen Erfahrung wenige Jahre später nach Rom zu gehen und als kaiserlicher Leibarzt Karriere zu machen. Hohe Mobilität, Studien in den damaligen Zentren der Wissenschaft und dabei erworbene herausragende Gelehrsamkeit ebneten den Weg in höchste Posten. Mit solchen Karriereverläufen der Gelehrtenkultur war die Entstehung internationaler Beziehungsgeflechte verbunden, die Pergamon in Form kaiserlicher Zuwendung und aristokratischer Stiftungen unmittelbar zugute kamen.

Das städtische Umland: Agrarische Ressourcen und Nachbarstädte

Der Arzt Galen hat für seine Zeit die Zahl der Einwohner Pergamons mit 120 000 angegeben, zu denen noch die Kinder hinzugezählt werden müssen, woraus man eine Gesamtzahl von 180 000 erschlossen hat. Moderne Schätzungen ergeben hingegen recht überzeugend rund 40 000 Einwohner im Stadtgebiet. Die Zahl Galens schloß demnach das Umland, das in der Antike immer zu einer Polis hinzugerechnet wurde, mit ein. Dieses Zahlenverhältnis spiegelt sehr gut die archäologischen Beobachtungen wider, die in verschiedenen Landgebieten in den letzten beiden Jahrzehnten gemacht wurden, und denen zufolge die Zahl der im ländlichen Bereich lebenden Bürger in der Regel um ein Vielfaches höher war als die der im Stadtgebiet lebenden. Die Schätzung Galens dokumentiert, daß dieses Verhältnis auch auf Pergamon zutrifft. Für ein Verständnis der Stadt ist es daher unerläßlich, den ländlichen Raum archäologisch unter die Lupe zu nehmen.

Dies kann angesichts der Ausdehnung des Gebietes freilich nur in Ausschnitten geschehen. So hat man seit den frühen Grabungen in der Stadt um 1900 immer wieder punktuell den ländlichen Raum erkundet und die Überreste kleiner Siedlungen dokumentiert. Auf nahezu allen kleinen Hügeln im Kaikostal fanden sich antike Siedlungsreste in Form von Mauerzügen oder Gräbern, die allerdings unterschiedlich gut erhalten waren und im letzten Jahrhundert besonders gelitten haben. Die intensive jüngere Bewirtschaftung der Fluren und moderner Steinraub haben die antiken Siedlungen weitgehend zerstört. Oft kann nurmehr anhand von Keramik oder Dachziegeln, die auf dem Boden sichtbar sind oder beim Pflügen zum Vorschein kommen, auf darunter liegende Spuren antiker Besiedlung geschlossen werden.

Die größeren Siedlungen auf den Hügeln besaßen kleine hellenistische Befestigungen, in denen vermutlich zum Schutz der Bevölkerung Soldaten stationiert waren. Ansonsten hatten sie dörflichen Charakter und bildeten kleine lokale Zentren, um die herum und zwischen denen sich locker Gutshöfe unterschiedlicher Größe verteilten. Intensive Forschungen, die in den letzten Jahren im Kaikostal durchgeführt wurden, haben unsere Kenntnis dieser ländlichen Strukturen verbessert. Zunächst konnte mit Hilfe moderner geographischer Methoden und durch den Einsatz neuester Technik festgestellt werden, daß das Tal in der Antike ein bewegteres Landschaftsrelief zeigte als heutzutage. Die ständigen Änderungen des antiken Flußlaufes ließen immer wieder neue Landinseln entstehen, auf denen seit der archaischen Zeit antike Höfe oder Dörfer gebaut werden konnten, von deren Bevölkerung die umliegenden Fluren intensiv bewirtschaftet wurden. Dichte Ziegel- und Keramikstreuungen auf den Feldern verraten solche Siedlungsplätze, deren Gebäude mit geophysikalischen Messungen sichtbar gemacht werden können. Große Steingewichte, die zu Olivenöl- und Weinpressen gehörten, und der Fund von Scherben teuren Tafelgeschirrs an den Gehöften dokumentieren zudem seit hellenistischer Zeit einen ertragreichen Anbau, der offenbar hohe Gewinne abwarf. Man sollte sich einzelne dieser Dörfer als recht ansehnliche Ortschaften vorstellen, denn immer wieder finden türkische Bauern auf ihren Feldern neben Keramik auch Fragmente von Marmorbauteilen und anderem Architekturschmuck. So wurde unweit der Siedlung Teuthrania ein Feld entdeckt, das eine besonders dichte Streuung von Marmorbruch aufwies. Die geophysikalischen Prospektionen lassen dort eine Monumentalarchitektur erkennen, die vermutlich zu einer Säulenhalle gehörte.

An anderen Plätzen, bevorzugt auf kleinen Hügelkuppen, standen sogenannte Turmgehöfte. Diese oft als Militäranlagen mißverstandenen Bauten der hellenistischen Zeit besaßen einen kompakten, aus Quadermauerwerk gebauten Turm, um den sich verschiedene Nebengebäude gruppierten. Solche Gehöfte waren Zentren inmitten großer Ackerfluren, die Mitgliedern der Führungsschicht Pergamons gehörten und Grundlage ihres

Reichtums waren. Der hier erwirtschaftete Gewinn konnte für Stiftungen oder den Bau eines repräsentativen Stadthauses eingesetzt werden, um das persönliche Ansehen zu steigern.

Stadt und Land waren in wirtschaftlicher und politischer Hinsicht eng miteinander verzahnt. Für die zahlenmäßig sehr große Landbevölkerung war die Stadt ein Dienstleistungszentrum und der Platz, an dem man Feste feierte, den Hauptgöttern der Stadt wie den Herrschern opferte und wo ein Teil der reichen Landbewohner seine Ausbildung zum Bürger erhielt. Entsprechend führen die Ephebenlisten des Gymnasions junge Männer aus umliegenden Dörfern auf. Die Führungsschicht Pergamons war also eng mit dem Umland verbunden. Für ihre Mitglieder wäre die aus heutiger Sicht gestellte Frage, ob sie sich eher als Stadt- oder als Landbürger sahen, sicherlich völlig unverständlich gewesen. Der Arzt Galen, der Sohn eines Architekten war und in Pergamon studiert hatte sowie als Arzt praktizierte, wuchs offenbar teilweise auf dem Land auf, denn er beschreibt das Haus seines Vaters, dem er den Spitznamen Philogeorgos (der Bauernfreund) gab, als großes ländliches Anwesen. Auch der Besitzer des erwähnten Peristylhauses auf dem Burgberg Pergamons namens Attalos Paterklianos besaß eine Landvilla mit kleiner Therme außerhalb der Stadt. Diese andernorts ebenfalls bezeugte Kombination von Land- und Stadthaus dürfte keine Ausnahme gewesen sein.

Die angesprochenen archäologischen Erkundungen, bei denen alle an der Oberfläche sichtbaren Überreste registriert wurden, geben uns zumindest einen ersten Eindruck von der intensiven Bewirtschaftung des pergamenischen Umlands. Der Reichtum der Stadt und ihr urbanes Erscheinungsbild beruhten zu einem guten Teil auf diesen agrarischen Ressourcen, die durch Viehzucht, Holzwirtschaft und anderes mehr ergänzt wurden. Die Forschungen zeigen zudem, daß ländliche Siedlungen von der archaischen bis in die byzantinische Zeit in unterschiedlichem Umfang existierten. Die archäologischen Befunde ergänzen die spärlichen literarischen Nachrichten zum Umland Pergamons. Ein von Xenophon erwähnter persischer Gutshof mit verschiedenen Dörfern und die Beschreibung von Landhäusern bei Galen stehen nämlich allein. Auch über landwirtschaftliche Produkte erfahren wir nur etwas aus den Schriften Galens, der die üblichen Nahrungsmittel wie Gemüse, Hülsenfrüchte, Getreide, Wein, Öl, Honig und Tiere, wie Stiere, Pferde, Schweine, Schafe, Ziegen und Kleingeflügel nennt.

Neben der Erschließung einer dichten ländlichen Besiedlung ist von besonderem Interesse, welche Auswirkungen die Geschichte der Stadt und ihre stetig zunehmende Größe für das Land und die unmittelbaren Nachbarn hatten. Während im ländlichen Raum eine Intensivierung der Landwirtschaft seit hellenistischer Zeit beobachtet werden kann, erfuhren die benachbarten Städte eine sehr unterschiedliche Entwicklung. Dies läßt sich exemplarisch an den beiden Nachbarn Elaia und Atarneus verdeutlichen.

Der Hafenort Elaia hatte für Pergamon besondere Bedeutung, da die Stadt selbst über keinen eigenen Zugang zum Meer verfügte. Der seit vorgeschichtlicher Zeit, also seit dem 3. Jahrtausend v. Chr. besiedelte Ort dürfte schon vor dem 4. Jh. v. Chr. neben Pitane ein wichtiger Handelspartner der Pergamener gewesen sein. Unter den attalidischen Königen spielte Elaia eine besondere Rolle, denn die stark wachsende Königsresidenz verzeichnete nicht nur einen Wirtschaftsboom, der sich in zunehmendem Im- und Export niedergeschlagen haben mußte, sondern zum politisch-militärischen Engagement der Könige gehörte auch der Aufbau einer Flotte. Philetairos unterhielt offenbar bereits Schiffe, denn sie werden in einem Dokument zum Regierungsbeginn seines Nachfolgers Eumenes I. erwähnt. Diese Flotte erlangte unter Attalos I. überregionale Bedeutung, so daß davon auszugehen ist, daß bereits im 3. Jh. v. Chr. der Hafenort, der sich bis zu dieser Zeit im wesentlichen um einen kleinen Akropolishügel erstreckt haben wird, allmählich ausgebaut wurde.

Die antike Stadt ist heute weitgehend unter Salzwiesen und Ackerfluren verschwunden, aber intensive geophysikalische Prospektionen und archäologische Detailforschungen haben in den letzten Jahren die beschriebene Entwicklung nachzeichnen können. Das befestigte Stadtgebiet wurde in hellenistischer Zeit nach Norden erheblich erweitert und dort nach einem neuen regelmäßigen Straßenraster, das exakt in Nord-Süd-Richtung verlief, angeordnet. Im Hafen selbst wurden die Molen und Kaianlagen ausgebaut. Einiges spricht zudem für die Anlage von Magazinbauten, und auch Schiffshäuser dürften neu entstanden sein. Hinweise auf ein Theater, eine Platzanlage mit Säulenhallen und weitere öffentliche Gebäude fügen sich in das Bild nachhaltiger Prosperität des Hafens unter den Attaliden. Die Könige werden sicherlich erheblich in den Ausbau des Hafens und der Befestigungsmauer, aber auch in eine Verschönerung des Stadtgebietes investiert haben. Antike Berichte über vergebliche Belagerungen des Hafens sprechen für Weitsicht und Erfolg des königlichen Engagements. In der Kaiserzeit setzte sich diese Blüte fort.

Ein völlig anderes Schicksal erfuhr die im Westen des Kaikostales gelegene Stadt Atarneus. In den Jahrzehnten, bevor Philetairos mit dem Schatz des Lysimachos den Burgberg von Pergamon bezog, war Atarneus zweifellos der bedeutendste Ort der Region. Erste Siedlungsspuren gehören wie in Pergamon in das 2. Jahrtausend v. Chr., und im 6. und 5. Jh. v. Chr. dürfte hier ebenfalls eine recht stattliche Siedlung existiert haben. Der um 400 v. Chr. von einer imposanten und kaum einnehmbaren Befestigungsmauer eingeschlossene Siedlungsbereich mit rund 24 ha war sogar etwas größer als Pergamon zur Zeit des ersten Attaliden. Im 4. Jh. v. Chr. regierte in Atarneus der Lokaldynast Hermias, der in der Antike wegen seiner Kontakte zu Aristoteles berühmt war. Er kontrollierte von der Festung aus ein ausgedehntes Gebiet an der Küste, wobei zur Stadt auch ein bis weit in das Kaikostal reichendes Territorium gehörte. Bei der archäologischen Erforschung der Stadt hat sich gezeigt, daß Atarneus bis in das 3. Jh. v. Chr. hinein prosperierte. Teures importiertes Tafelgeschirr und eine rege Bautätigkeit, bei der vor allem der Burgberg mit Terrassen für Wohnbauten und öffentliche Gebäude gegliedert wurde, zeugen von einer anhaltenden Blüte. Zur Zeit Eumenes' II. und parallel zur Stadterweiterung in Pergamon setzte jedoch in Atarneus im 2. Jh. v. Chr. ein signifikanter Niedergang ein. Der Gebrauch hochwertiger Keramik ging deutlich zurück und die Bautätigkeit kam offenbar zum Erliegen. Während in anderen hellenistischen Städten in dieser Zeit das Stadtbild durch Säulenhallen und andere öffentliche Bauten verschönert wurde, stagnierte die Bautätigkeit in Atarneus. Es finden sich in den Ruinen keine Hinweise auf hellenistische Bauornamentik oder Monumentalarchitektur. Die damals zur attalidischen Herrschaft gehörige Stadt wurde mehr und mehr von Pergamon in den Schatten gestellt. Dachziegel mit pergamenischen Königsstempeln belegen immerhin das finanzielle Engagement eines Herrschers, das aber letztlich den Niedergang nicht aufhalten konnte.

Im 1. Jh. v. Chr. wurde die Siedlung schließlich komplett aufgegeben. Man hat dies auf eine Versumpfung der Ebene und damit einhergehende Malariaepidemien zurückgeführt. Die aktuellen Forschungen konnten diese These freilich widerlegen. Im unmittelbaren Umland der Stadtmauer finden sich nämlich Dörfer und Gehöfte, die von der hellenistischen Zeit bis weit in die Spätantike und sogar in byzantinischer Zeit bewohnt waren. Auch die geoarchäologischen Forschungen beweisen eine fortdauernde Bewirtschaftung der Hügel wie der Ebene. Eine katastrophale Veränderung der natürlichen Gegebenheiten fand nicht statt.

Die vollständige Auflassung der befestigten Siedlung hatte wohl politisch-militärische Gründe. Zerstörung und Aufgabe der Siedlung dürften mit dem Ersten Mithridatischen Krieg zusammenhängen, in dessen Folge Pergamon erheblich zu leiden hatte. Hierzu gehörte die bereits erwähnte Schleifung befestigter Plätze durch die beiden Legionen Fimbrias. In Atarneus, in einer pergamenischen Festung auf der Kara Dağ Halbinsel, und auf dem Burgberg von Teuthrania, der in hellenistischer Zeit ebenfalls eine kleine Befestigung erhalten hatte, enden im 1. Jh. v. Chr. die Siedlungsspuren. Die Bereitschaft Pergamons, Mithridates als Residenz zu dienen, führte zum Verlust aller befestigten Plätze im Umland. Diese wurden in der Antike trotz florierender Landwirtschaft in ihrer Umgebung nie wieder besiedelt.

In der Umgebung Pergamons kann somit auf vielfältige Weise nachvollzogen werden, welche Folgen die Entstehung der Residenz und der Ausbau zur Großstadt für den ländlichen Raum hatte. Die Blüte der Landwirtschaft und den finanziellen Gewinn aus dem Verkauf der Produkte verdankte man dem Konsum der Stadtbewohner. Für reiche Landbesitzer war es selbstverständlich, einen Teil dieser Gewinne in der Stadt zu investieren, um mit Stiftungen unterschiedlicher Art das eigene Ansehen zu steigern. In Krisensituationen mußte freilich in erster Linie das Umland seine enge Verzahnung mit der Stadt mit Verwüstung, Menschenraub und Zerstörungen bezahlen.

Im kultischen Leben waren Stadt und Umland ebenfalls miteinander verbunden. Dies konnte unmittelbar in Form von Festprozessionen zu den extraurbanen Heiligtümern für Asklepios, Aphrodite und Athena erfahren werden. Aber auch auf einer abstrakten Ebene wurden vielleicht Bezüge hergestellt. So baute bereits Philetairos der Kybele, verehrt unter dem Namen Meter Aspordene, auf dem Yünd Dağ ein Heiligtum mit kleinem Tempel. Auf diese Weise wurde eine bestehende einfache Kultstätte verschönert, wobei zugleich über die Ausrichtung der Mittelachse des Tempels, die auf den Athenatempel in Pergamon zeigte, ein Bezug zum Burgberg hergestellt wurde. In Verlängerung dieser Linie lag wenige Kilometer nördlich von Pergamon auf einem Bergrücken ein weiteres einfaches Kybeleheiligtum. Es ist vermutet worden, daß die Heiligtümer mit Bedacht so angelegt wurden, daß eine zwischen ihnen gezogene Verbindungslinie den Athenatempel passiert. Doch solche Überlegungen bleiben letztlich spekulativ. Der partielle Ausbau der Heiligtümer durch die Könige zeigt immerhin, daß diese wahrgenommen und in Beziehung zur neu entstandenen Residenz gesetzt wurden. Ähnliches gilt für ein Asklepiosheiligtum, das von einem attalidischen Festungskommandanten an einer Festung (*Phrourion*) auf dem Yünd Dağ eingerichtet wurde und zu dem ein kleiner Kultverein von Asklepiasten gehörte.

Und damit sind wir am Ende des kleinen Rundgangs durch die Stadtgeschichte Pergamons angekommen und können wieder in die heutige Zeit wechseln. Wir wollen uns abschließend nochmals der Wirkung Pergamons und seiner Monumente zuwenden.

Pergamon in Berlin

Inmitten seiner furiosen Beschreibung des Pergamonaltars, die der Schriftsteller Peter Weiss 1975 an den Anfang seiner *Ästhetik des Widerstandes* gestellt hat, ist folgende Deutung der Reliefs zu lesen: «Die Regenten aus der Dynastie der Attaliden ließen sich von ihren Bildhauermeistern das schnell Vergehende, von tausenden mit ihrem Leben Bezahlte, auf eine Ebene des zeitlos Bestehenden übertragen und damit ein Denkmal ihrer eignen Größe und Unsterblichkeit errichten. (...) Die Eingeweihten, die Spezialisten sprachen von Kunst, sie priesen die Harmonie der Bewegung, das Ineinandergreifen der Gesten, die anderen aber, die nicht einmal den Begriff der Bildung kannten, starrten unverhohlen in die aufgerissnen Rachen, spürten den Schlag der Pranke im eignen Fleisch.» Die einfache Bevölkerung des antiken Pergamon habe laut Weiss während der Prozessionen kaum gewagt, zu den Bildern aufzuschauen, denn diese zeigten in Form der besiegten Giganten ihre eigene Unterwerfung: «Genuß vermittelte das Werk den Privilegierten, ein Abgetrenntsein unter strengem hierarchischem Gesetz ahnten die anderen.»

Die berühmten Reliefs bilden in dem Roman, der den Widerstand gegen den Nationalsozialismus zum Gegenstand hat, den Auftakt, um über Möglichkeiten der politischen Linken wie auch über ihre Fehler nachzudenken. Der Altar ist zugleich ein Symbol dafür, daß es im 19. Jh. wiederum die Reichen und Gebildeten waren, die sich das Monument aneigneten, «während die Viehhüter und Nomaden, die Nachfahren der Erbauer des Tempels, von Pergamons Größe nicht mehr besaßen als Staub». Ingeniös führt Peter Weiss, der selbst nach 1933 lange im Exil lebte, vor Augen, welche Sichtweise sich einem linken Kämpfer zu Beginn des Nationalsozialismus aufdrängte, der im 1930 eröffneten neuen Pergamonmuseum das Kunstwerk betrachtete und sich vom immer noch durch das humanistische Gymnasium geprägten Bürgertum der Zeit absetzen wollte. Welch hohe symbolische Bedeutung der Altar tatsächlich für die nationalsozialistische Politik in der von Peter Weiss für seinen Roman gewählten Zeit hatte, zeigen zeitgenössische Architekturentwürfe.

Man hat beobachtet, daß der Architekt Wilhelm Kreis bei seinen Plänen für eine «Soldatenhalle», die das Oberkommando des Heeres in Auftrag gegeben hatte, in den Jahren 1937/38 an die Risalitenarchitektur und den Reliefschmuck des Altars anknüpfte. Gleiches gilt für ein Kriegerdenkmal, das die Nationalsozialisten nach 1941 in Griechenland aufstellen wollten. Die sakrale Funktion des antiken Monumentes ließ sich offenbar ausgezeichnet mit zeitgenössischen Vorstellungen von Opferbereitschaft und Heldentod assoziieren.

Schon bei seiner Wiederentdeckung durch Carl Humann und während der Ausstellung in Berlin hatte der Pergamonaltar große politische Bedeutung. Im ausgehenden 19. Jh. tobte nicht nur ein internationaler Wettkampf darum, wer die prächtigsten Antiken vorzuweisen hatte. Die Konkurrenz um die antiken Schätze und ihre museale Präsentation war zugleich eingebettet in den mit politischen und militärischen Mitteln ausgetragenen Kampf um die imperiale Vormachtstellung. Aktiver Imperialismus, das heißt die Kontrolle über möglichst viele Kolonien in verschiedenen Teilen der Welt, und der Erwerb oder Raub von antiken Kunstwerken im großen Stil gehörten eng zusammen. In Berlin wurde dies besonders deutlich, als im Jahr 1886 die Königliche Akademie der Künste ihr 200jähriges Bestehen mit einer groß angelegten Ausstellung feierte. Auf dem Ausstellungsgelände wurde neben einem sogenannten Kaiser-Diorama, das Erfolge der damaligen deutschen Kolonialpolitik feierte, ein «Pergamon-Tempel» gezeigt. Dieser Bau bestand aus einem Nachbau der Westseite des Altars mit ihrem Treppenaufgang und einer darauf gesetzten Nachbildung der Front des kurz zuvor entdeckten Zeustempels von Olympia. Im Innern wurde ein 60 m langes und 14 m hohes Pergamonpanorama gezeigt. Hierbei handelte es sich um ein von den Malern Max Friedrich Koch und Alexander Kips angefertigtes Landschaftsbild des Burgberges, bei dessen Ausarbeitung ihnen Richard Bohn zur Seite stand. Bohn arbeitete als Architekt auf der von Alexander Conze geleiteten Pergamongrabung und war mit den jüngsten Grabungsergebnissen bestens vertraut. Abgebildet war die Stadt zu Beginn des 2. Jh.s n. Chr., da das Trajaneum wegen des spektakulären Baubefundes selbstverständlich auch gezeigt werden sollte und das Palastviertel zudem noch nicht komplett ergraben war. Im Katalog der Ausstellung heißt es, Pergamon werde «zur Zeit der Blüte unter den römischen Kaisern» gezeigt.

Auf dem Ausstellungsgelände waren neuhumanistisches Interesse an der Antike und Machtpolitik des Reiches ideal miteinander verschränkt. Die Königsresidenz Pergamon und ihr großartiger Altar spiegelten in den Augen der Zeitgenossen perfekt den deutschen Anspruch, kultur- wie weltpolitisch in der ersten Riege der internationalen Mächte mitzuspielen. Das große Interesse des Reichskanzlers Bismarck und Kaiser Wilhelms II. an der Pergamongrabung erklärt sich zu einem guten Teil aus dieser Chance politischer Instrumentalisierung. Als 1878 die Hohe Pforte in Istanbul signalisierte, man sei bereit, bei der Fundteilung auf das eigene Drittel zu verzichten, wenn Deutschland Flüchtlingshilfe für die vom Balkan vertriebenen Türken in Höhe von 20 000 Reichsmark leistete, willigte man sofort ein. Mit dem Einbezug Pergamons in die Ausstellung, die in einem Pergamonfest, einem im Juni 1886 nachgespielten Triumphzug eines Attalos gipfelte, begann zugleich eine breite Rezeption jenseits der großen Politik. Die Kenntnis des Altars wie der Stadt Pergamon gehörte am Ende des 19. Jh.s zum Bildungskanon des humanistischen Gymnasiums. Für zahlreiche Abgußsammlungen in Museen und archäologischen Instituten wurden Kopien angefertigt, damit Wissenschaftler, aber auch Lehrer oder interessierte Laien an konkretem Anschauungsmaterial die Neufunde studieren konnten. Schulbücher zeigten Abbildungen, während die Museen und der Kunsthandel verkleinerte Kopien für das häusliche Wohnzimmer anboten.

Das breite Publikum und die Gelehrten waren nun bereit, die bis dahin im Vergleich mit der klassischen Zeit eher negativ besetzte hellenistische Kunst neu zu bewerten. Offenbar war die Aussage des Gelehrten Plinius, daß zwischen der 121. und 156. Olympiade (296–156 v. Chr.) die plastische Kunst im Niedergang begriffen war, gründlich zu revidieren. Den Funden aus Pergamon sollte bei der Erforschung hellenistischer Kunst fortan eine wichtige, zeitweise gar dominierende Rolle zugeschrieben werden. Heute versteht man die pergamenischen Kunstwerke nicht mehr als Monumente, von denen alles Folgende abhängt. Sie werden vielmehr im vielschichtigen, komplexen Gesamtzusammenhang der antiken Kunstgeschichte gesehen, in der sie freilich eine Schlüsselstellung einnehmen.

Jeder heutige Besucher der antiken Stadt Pergamon wie des Berliner Pergamonmuseums ist unwillkürlich fasziniert von der Stadt, ihrer Geschichte und ihrer Kultur. Ein für die Pergamonausstellung des Jahres 2011 von dem Künstler Yadegar Asisi gestaltetes Panorama der Stadt, das Pergamon bei einem Besuch des Kaisers Hadrian zeigt, gründet auf dem anhaltend großen Interesse für die antike Metropole. In Anknüpfung an die Tradition der großen Panoramen des 19. Jh.s sowie die 1886 bestaunte Stadtansicht wird die Schaulust des Publikums befriedigt und die nun rund 150 Jahre andauernde Begeisterung für Pergamon in einem freilich vergänglichen, nur während der Ausstellung gezeigten Bild angestachelt.

Der große Altar wird allerdings weiterhin ein Politikum bleiben. Eine Liste von illegal aus dem Land gebrachten Kunstdenkmälern, die der türkische Kultusminister hat anfertigen lassen, führt den Altar auf. Schon früher hatte ein Bürgermeister Bergamas deutsche Politiker aufgefordert, das Monument an seinen alten Aufstellungsplatz zurückzubringen. Türkischer Nationalstolz, berechtigter Ärger über gestohlene Kunstwerke und ein neues, aus wirtschaftlichem Aufschwung gespeistes nationales Selbstbewußtsein werden immer wieder aktiviert, um öffentliche Kampagnen zu inszenieren. Sie gehen im Fall des Altars aber fehl, denn seine legale Ausfuhr nach seinerzeit gültigem Recht ist eindeutig dokumentiert. Anstelle der haltlosen Anschuldigungen sollte, so bleibt zu hoffen, ein offenes und partnerschaftliches Miteinander treten, in dem auch der türkische Partner erkennt, daß ohne die Initiative Humanns und die seit mehr als 130 Jahren andauernde engagierte Grabungstätigkeit und Restaurierung der Monumente, die vom Deutschen Archäologischen Institut durchgeführt wurden und werden, vieles zerstört und der Altar zu großen Teilen längst verloren wäre. Im Umland von Pergamon ist aktuell einem ganz anderen gravierenden Problem zu begegnen, nämlich der dramatischen Zunahme von Raubgrabungen, die durch einen international vernetzten illegalen Kunsthandel befeuert werden. Weiterer Raub von Antiken sollte in dieser Landschaft, die noch so viele Geheimnisse birgt, künftig verhindert werden.

Anhang

Verwendete und weiterführende Literatur in kleiner Auswahl

R. E. Allen, The Attalid Kingdom. A Constitutional History, Oxford 1983.

Altertümer von Pergamon I ff., Berlin 1885 ff.

M. Fränkel, Die Inschriften von Pergamon (Altertümer von Pergamon 8,1), Berlin 1890.

N. T. de Grummond/B. S. Ridgeway (Hg.), From Pergamon to Sperlonga, Berkeley u. a. 2000.

C. Habicht, Die Inschriften des Asklepieions (Altertümer von Pergamon 8,3), Berlin 1969.

H. Halfmann, Städtebau und Bauherren im römischen Kleinasien. Ein Vergleich zwischen Pergamon und Ephesos, Tübingen 2001.

E. V. Hansen, The Attalids of Pergamon, New York ²1970.

J. Hopp, Untersuchungen zur Geschichte der letzten Attaliden, München 1977.

H. Koester (Hg.), Pergamon. Citadel of the Gods, Harrisburg 1998.

M. Kohl (Hg.), Pergame. Histoire et archéologie d'un centre urbain depuis ses origines jusqu'à la fin de l'Antiquité, Lille 1992.

M. Kunze (Hg.), «Wir haben eine ganze Kunstepoche gefunden!» Ein Jahrhundert Forschungen zum Pergamonaltar, Mainz 1988.

U. Mania, Die Rote Halle in Pergamon. Ausstattung und Funktion (Pergamenische Forschungen 15), München 2011.

R. B. McShane, The Foreign Policy of the Attalids of Pergamum, Urbana 1964.

H. Mielsch, Die Bibliothek und Kunstsammlung der Könige von Pergamon, Archäologischer Anzeiger 1995, 765–779.

H. Müller, Ein Heilungsbericht aus dem Asklepieion von Pergamon, Chiron 17, 1987, 191–233; ders., Ein neues hellenistisches Weihepigramm aus Pergamon, Chiron 19, 1989, 499–553; ders., Phyromachos im pergamenischen Nikephorion?, Chiron 22, 1992, 195–226; ders. – M. Wörrle, Ein Verein im Hinterland Pergamons zur Zeit Eumenes' II., Chiron 32, 2002, 191–233; ders., Pergamenische Parerga, Chiron 33, 2003, 419–445; ders., Hemiolios. Eumenes II., Toriaion und die Finanzorganisation des Alexanderreiches, Chiron 35, 2005, 355–384; ders., Hadrian an die Pergamener. Eine Fallstudie, in: R. Haensch (Hg.), Selbstdarstellung und Kommunikation, München 2009, 367–406; ders., Ein Kultverein von Asklepiasten beim attalidischen Phrourion im Yüntdağ, Chiron 40, 2010, 427–457.

E. Ohlemutz, Die Kulte und Heiligtümer der Götter in Pergamon, Würzburg 1940.

T. Otten, Das byzantinische Pergamon – ein Überblick zu Forschungsstand und

Quellenlage, in: F. Daim/J. Drauschke (Hgg.), Byzanz – das Römerreich im Mittelalter. Teil 2/2, Mainz 2010, 809–830.

F. Pirson u. a., Vorberichte über die Arbeiten in Pergamon, Archäologischer Anzeiger 2006 ff.

W. Radt, Pergamon. Geschichte und Bauten einer antiken Metropole (Sonderausgabe), Darmstadt 2011; ders. u. a., Vorberichte über die Arbeiten in Pergamon, Archäologischer Anzeiger 1973–1999; 2005.

Festschrift W. Radt (Istanbuler Mitteilungen 54, Tübingen 2004).

K. Rheidt, Die Stadtgrabung. Teil 2: Die byzantinische Wohnstadt (Altertümer von Pergamon 15,2), Berlin 1991; ders., Die Obere Agora. Zur Entwicklung des hellenistischen Stadtzentrums von Pergamon, Istanbuler Mitteilungen 42, 1992, 237–282.

H.-J. Schalles, Untersuchungen zur Kulturpolitik der pergamenischen Herrscher im Dritten Jahrhundert vor Christus, Tübingen 1985; ders., Der Pergamon-Altar zwischen Bewertung und Verwertbarkeit, Frankfurt am Main 1986; ders., Rezeptionsgeschichtliche Nachlese zum Pergamonaltar, in: D. Rössler (Hg.), Modus in rebus. Gedenkschrift für Wolfgang Schindler, Berlin 1995, 188–200.

T. S. Scheer, Mythische Vorväter. Zur Bedeutung griechischer Heroenmythen im Selbstverständnis kleinasiatischer Städte, München 1993.

K. M. Sommerey, Die Chora von Pergamon. Studien zu Grenzen, Siedlungsstruktur und Wirtschaft, Istanbuler Mitteilungen 58, 2008, 135–170.

M. Wörrle, Pergamon um 133 v. Chr., Chiron 30, 2000, 543–576; ders., Zu Rang und Bedeutung von Gymnasion und Gymnasiarchie im hellenistischen Pergamon, Chiron 37, 2007, 501–516.

U. Wulf, Der Stadtplan von Pergamon, Istanbuler Mitteilungen 44, 1994, 135–175; dies., Die Stadtgrabung 3: Die hellenistischen und römischen Wohnhäuser von Pergamon (Altertümer von Pergamon 15,3), München 1999.

Nachweis der Bildzitate

Vordere Umschlaginnenseite: Nach Archäologischer Anzeiger 2007, 43, Abb. 37 (A. Attila/N. Calışır. Zeichnung Peter Palm, Berlin). **Abb. 1:** C. Trümpler (Hg.), Das große Spiel. Archäologie und Politik, 1860-1940, Köln 2008, S. 326 rechts. **Abb. 2:** W. Radt, Pergamon. Geschichte und Bauten einer antiken Metropole, Darmstadt 1999, Abb. 5f. **Abb. 3, 4, 9, 12:** Museum für Abgüsse Klassischer Bildwerke, München, Inv. Nr. 57555; 36529; 36266; 34830. **Abb. 5:** Ausschnitt aus U. Wulf, Die Stadtgrabung 3: Die hellenistischen und römischen Wohnhäuser (Altertümer von Pergamon 15,3), Berlin/New York 1999, Taf. 24. **Abb. 6:** R. Bohn, Die Theaterterrasse (Altertümer von Pergamon 4), Berlin 1896, Taf. XXXVI. **Abb. 7:** Wulf (wie Abb. 5), Abb. 75 Mitte, S. 186. **Abb. 8:** Archiv Pergamon im DAI Istanbul nach W. Radt, Pergamon. Geschichte und Bauten einer antiken Metropole, Darmstadt 1999, Abb. 29. **Abb. 10:** Photo: Archiv Pergamon im DAI Istanbul (Repro 83/3,1). **Abb. 11:** H. Heres/V. Kästner, Der Pergamonaltar, Darmstadt 2004, Abb. 19. **Hintere Umschlaginnenseite:** Archiv Pergamon im DAI Istanbul nach U. Wulf, Der Stadtplan von Pergamon, Istanbuler Mitteilungen 44, 1994, Beil. 6.

Namenregister

Sachregister

Ortsregister